Um amor do passado

2-5-14-3.000-11.000

Direção editorial: **Flávio Machado**
Assistente editorial: **Larissa Wostog Ono**
Produtor gráfico: **Vitor Alcalde L. Machado**
Capa: **Júlia Machado**
Imagem da capa: **Riaua | Shutterstock**
Projeto gráfico e editoração: **Ricardo Brito | Estúdio Design do Livro**
Revisão: **Maria Aiko Nishijima**
Maiara Gouveia
Impressão: **Mark Press Brasil Indústria Gráfica Ltda.**

Dados Internacionais de Catalogação na Publicação (CIP)
(Câmara Brasileira do Livro, SP, Brasil)

Natasha (Espírito).
Um amor do passado / ditado pelo Espírito Natasha ; psicografado por Marlene Saes. – 1. ed. – São Paulo : Petit Editora, 2014.

ISBN 978-85-7253-246-4

1. Espiritismo 2. Psicografia 3. Romance espírita I. Saes, Marlene. II. Título.

14-00449 CDD: 133.93

Índices para catálogo sistemático:
1. Romances espíritas psicografados : Espiritismo 133.93

Impresso no Brasil, no outono de 2014.

Prezado(a) leitor(a),

Caso encontre neste livro alguma parte que acredita que vai interessar ou mesmo ajudar outras pessoas e decida distribuí-la por meio da internet ou outro meio, nunca deixe de mencionar a fonte, pois assim estará preservando os direitos do autor e, consequentemente, contribuindo para uma ótima divulgação do livro.

Um Amor do passado

Psicografia da médium
Marlene Saes

Romance do Espírito
Natasha

petit editora

Rua Atuaí, 389 – Vila Esperança/Penha
CEP 03646-000 – São Paulo – SP
Fone: (0xx11) 2684-6000
www.petit.com.br | petit@petit.com.br

CONFORME NOVO ACORDO ORTOGRÁFICO

Sumário

Prefácio

"Os Espíritos do Senhor, que são as virtudes dos Céus, como um imenso exército que se movimenta ao receber a ordem de comando, espalham-se por toda a superfície da Terra e, semelhantes às estrelas cadentes, vêm iluminar os caminhos e abrir os olhos aos cegos", diz o Espírito de Verdade no prelúdio de *O Evangelho segundo o Espiritismo.*

Um amor do passado, romance psicografado por Marlene Saes, relato verídico, emocionante lição de espiritualidade, contribui para abrir nossos olhos e lançar luz sobre a causa dos sofrimentos e como podemos evitá-los.

O Espírito Natasha é, certamente, uma das vozes a clamar em favor da fraternidade, a incentivar-nos a valorizar a vida, fazer valer nossa estadia no mundo onde nos encontramos.

Por intermédio de singela narrativa, a autora espiritual nos descortina as tempestades que se abatem sobre aqueles que transgridem — uns intencionalmente, outros por omissão ou ignorância —, as leis que regem o universo, resumidas por Jesus no "Amai a Deus sobre todas as coisas e ao próximo como a si mesmo".

Em *Um amor do passado*, Mariana e Renato, jovens e apaixonados pela vida, conhecem o amor, mas não estão preparados para colher o fruto da prazerosa união. Joana, mãe de Mariana, só acredita numa solução: interromper a gravidez indesejada. Fernando, indefeso, precisa reencarnar, mas uma terrível ameaça recai sobre ele.

Anos depois, Mariana reside com José, seu marido, em modesta propriedade. Sitiantes, vivem dos frutos da terra, mas não conseguem colher, da árvore da vida, o filho tão desejado. Embora renegado, o passado recusa-se a sair de cena: Renato — o jovem que entregou Mariana nas mãos do acaso — retorna à cidade e, ao mesmo tempo, sombria entidade se faz presente, em busca de cruel vingança.

Semeamos e iremos colher, inevitavelmente, o que plantamos. Sempre é tempo de cultivar o bem: a boa safra compensará aquela que foi perdida por negligência do semeador.

Rogamos a Deus que as vozes dos Céus continuem nos inspirando a corrigir nosso rumo, por intermédio daqueles que, a exemplo de Marlene Saes — oradora e médium dedicada à psicografia, à frente do Centro Espírita A Caminho da Luz, em São Paulo —, se entregam, de corpo e alma, a serviço do próximo, a semear esclarecimento e esperança nos corações aflitos.

Afonso Moreira Jr.

Afonso Moreira Jr. é presidente do Conselho Deliberativo da Federação Espírita do Estado de São Paulo (Feesp), apresentador do programa Consciência Espírita da Rádio Boa Nova, de Guarulhos (SP), e da TV Mundo Maior, da Fundação Espírita André Luiz (Feal). Fundador do Grupo Espírita de Arte Mediúnica (SP), médium e orador, é autor de obras paradidáticas e do romance espírita *Alma de mulher em corpo de homem* (São Paulo: Butterfly Editora).

Capítulo 1

O manto de estrelas forrava o céu iluminando aquele cantinho do mundo onde a relva em repouso abrigava pequeninas flores que enfeitavam a natureza.

Naquela casinha singela, reinavam a simplicidade e a vontade de viver bem. E no semblante daquele casal pairava uma pergunta constante: por que Deus não nos envia filhos para completar nossa felicidade?

Mariana e José haviam se casado fazia alguns anos e procuravam, com esforço, alcançar uma condição de vida melhor. Ambos se lançavam ao trabalho na lavoura, sem desânimo, e já haviam formado a lavoura do café, o pomar, a horta e o pequeno curral onde duas vaquinhas de leite os auxiliavam produzindo o precioso líquido com o qual Mariana fazia deliciosos queijos, vendidos na cidade próxima dali.

José já havia conseguido formar uma excelente lavoura de café, onde trabalhava de sol a sol, procurando economizar o suficiente para poder comprar um trator que iria ajudá-lo naquela empreitada.

A área de seu pequeno sítio era insuficiente para os planos que tinham. E, por esse motivo, sonhavam em adquirir a propriedade vizinha, que pertencia ao sr. Miguel, um velho amigo.

Assim, aquele casal simples, mas sonhador, divagava olhando as estrelas e fazendo planos.

Em dado momento, Mariana suspira bem fundo, sentindo que falavam de todos aqueles sonhos, mas nenhum dos dois mencionava o que mais os entristecia: a falta de filhos!

José, conhecendo bem sua companheira, percebe que ela, ao se calar repentinamente, com certeza, indagava a Deus quais motivos impediam que seu lar fosse iluminado com sorrisos de crianças. Ela esperava ansiosamente que Deus a abençoasse com a vinda de um bebê.

E assim ambos se recolheram sem tocar naquele assunto que lhes machucava o coração, mas que sabiam ser motivo de sofrimento e de angústia.

A iluminação era precária: um rio caudaloso banhava a região, e a força de sua correnteza gerava a energia de que dispunham. Mas as condições já eram melhores do que quando ali chegaram, pois a escuridão inicial já fora vencida.

Mariana e José eram profundamente religiosos. Todas as noites rezavam o terço, como era recomendado pelo vigário da paróquia da cidade. Aos domingos procuravam não faltar à missa, pois tinham como compromisso de fé receber a hóstia na igreja matriz da cidade vizinha.

Já haviam se programado para ir à cidade no domingo seguinte e visitar uma amiga muito querida ao coração de Mariana. Havia algum tempo não se encontravam, e Helena aguardava ansiosamente a ida da amiga de infância, que, desde o casamento, espaçara as visitas que tanto bem fazia a ambas.

A semana transcorreu na mesma rotina e, chegado o domingo, acordaram bem cedo — como de costume —, dirigindo-se à cidade, a fim de participar da missa dominical.

Tão logo saem da igreja, José e Mariana rumam para a praça principal da cidade, onde o belo jardim ostentava rosas perfumadas e coloridas, que davam um aspecto muito agradável àquele local. A população respeitava os belos jardins que eram cultivados pelos funcionários da prefeitura. Ali as crianças já eram orientadas a amar as plantas e os animais.

Ao caminhar pela praça, Mariana se reporta à época em que, assim como outras moças, aguardava ansiosamente a principal atividade dos sábados: o passeio pela praça e, ainda, no verão, o encontro com as amigas na antiga sorveteria, onde colocavam a conversa em dia. Essas lembranças tomam conta de sua mente. Tinham-se passado alguns anos, mas estavam vivas em sua memória. Fora uma fase inesquecível, pois as primeiras emoções haviam sido vivenciadas ali.

Mais alguns minutos se passam até a chegada à casa de Helena. Era uma construção antiga, bem do estilo colonial, mas que atualmente estava bastante desgastada. Desde o falecimento do pai de Helena, as coisas tinham ficado mais difíceis. Sua mãe, sempre adoentada, solicitava os préstimos da filha de maneira intensa, fazendo com que ela precisasse se dividir entre as costuras que fazia para garantir a sobrevivência de ambas e os trabalhos domésticos, incluindo os cuidados com a mãe. Havia também o irmão, Renato, que não vivia com elas fazia algum tempo, mas que acabara de chegar da capital.

Abriram o velho portão e tocaram um sino estrategicamente colocado à frente da porta principal. Alguns minutos depois, Helena os recebe com muita alegria e, na troca de abraços, Mariana e Helena se emocionam, pois nutriam amor verdadeiro uma pela outra e se sentiam como se fossem verdadeiras irmãs.

A conversa seguia animada na sala discretamente mobiliada, mas muito aconchegante. Dona Rosa também participava da conversa, pois conhecia Mariana desde pequena, tendo sido grande amiga de sua mãe. Após um longo bate-papo, quando José e Mariana já se despediam para retornar ao sítio, a porta principal se abre, revelando uma grande surpresa: adentrando a sala está o irmão de Helena, que paralisa ao deparar com Mariana, sem saber se estende a mão para o cumprimento ou se dá meia-volta, desaparecendo daquele local.

Mariana sente-se desfalecer, mas a amiga segura seu braço com força, como a lhe dizer: "estou aqui, ampare-se em mim". Ambas sabiam o que aquele encontro significava para Mariana.

José, que desconhecia os fatos, não se dá conta desse rápido episódio e, ao ver que o rapaz lhe estende a mão para o cumprimento, apressa-se para as apresentações.

Mariana se recompõe com agilidade, mas não estende a mão para Renato, pois Helena sabiamente já havia arrastado a amiga para outro canto da sala, a pretexto de mostrar-lhe uma tapeçaria que acabara de confeccionar.

O episódio passa despercebido para José, mas não para os demais.

— Mariana, podemos ir? Ainda temos de fazer algumas compras — apressa-se José.

— Sim, vamos — assim Mariana inicia as despedidas. Aquela visita, interrompida com a chegada de Renato, iniciaria um período difícil na vida de Mariana e José.

O rapaz permanece na sala e, sem cerimônia, crava os olhos em Mariana, que tenta disfarçar seu mal-estar aproximando-se de dona Rosa para abraçá-la.

José se despede de todos com naturalidade e nem percebe que, durante as despedidas, a esposa ignora o irmão da amiga.

Com grande alívio, Mariana se vê novamente na praça, mas seu coração ainda bate de forma descompassada. Respira fundo, pede ajuda de Deus para não deixar transparecer sua ansiedade, pois tem grande carinho e respeito pelo marido e jamais o magoaria.

Feitas as compras, o casal retorna para o lar, onde já haviam deixado preparada a refeição daquele domingo, que naturalmente seria um dia de descanso.

Capítulo 2

Aquela tarde foi bastante longa, pois Mariana não conseguia se desligar das lembranças que queimavam seu coração.

Quando Renato teria retornado? Desde sua partida para a capital, Helena nunca mais havia comentado com a amiga qualquer fato relativo ao irmão, e Mariana também não tocara no assunto.

Mariana se lembrava do dia em que conhecera José e do início de uma amizade sincera. O rapaz chegara à cidade para se hospedar na casa de um amigo, pois acabara de perder o pai, que, de forma inesperada, o havia deixado só. Naquele momento ela lembra toda a história de vida que José havia lhe contado na época em que eram namorados.

José fora criado pelo pai e por uma tia, pois sua mãe havia falecido no parto, ainda muito jovem, e seu pai jamais se interessara por outra mulher, dedicando-se ao filho de todo o seu coração.

Sua tia, bem mais velha, não gozava de boa saúde. Ele se lembrava da dedicação de seu pai nos cuidados com a irmã querida. José amava muito seu pai, homem simples, da lavoura, de caráter admirável e de uma generosidade comovente.

Graças ao esforço de seu pai, José havia frequentado a escola, mas procurava colaborar com a família de todas as formas: tratando dos animais, levando leite para a cidade, ajudando no corte da lenha e até cuidando da pequena horta que lhes fornecia alguns legumes e verduras.

Fora uma infância relativamente feliz, dentro das possibilidades. Próximo ao sítio da família havia outros sitiantes e também outras crianças, que juntas se dirigiam à escola localizada na Fazenda Modelo, cujo proprietário bondosamente permitia que as crianças dos sítios próximos pudessem receber os ensinamentos ministrados pela professora contratada por ele. No início eram apenas as crianças de sua fazenda, mas generosamente o fazendeiro abrira as portas de sua propriedade para as crianças da região.

Quando completara quinze anos, novo golpe atingiu aquela pequena família — a tia, dedicada e amorosa, deixou o plano físico após o agravamento da doença de Chagas, mal que ela contraíra muitos anos antes. José e seu pai, mais uma vez, sofreram a dor da separação.

Foram dias de intensa dor para pai e filho, que se uniram ainda mais diante da perda irreparável. José, já alfabetizado, tinha vontade de ir para a cidade em busca de uma vida melhor, mas seu pai não aceitava a ideia. Dizia que ali morreria, pois tinha vivido por toda uma existência naquele local.

José amava muito seu pai para deixá-lo sozinho. Levavam a vida trabalhando, e, vez por outra, ele conseguia convencer o pai a ir até a capital para consultar o médico, comprar algumas roupas e "ver gente" — como ele costumava dizer.

Naquela época, aos domingos, alguns vizinhos tinham o costume de se visitar e saborear juntos um cafezinho. José não apreciava essas visitas, mas para acompanhar o pai acabava cedendo, já tendo feito alguns amigos também, os quais, assim como ele, pensavam em buscar outro modo de vida em cidades grandes, como Londrina ou mesmo na capital, Curitiba.

Após algum tempo, seu melhor amigo acabou mudando-se para a cidade de Ourinhos, no Estado de São Paulo, onde havia uma excelente oportunidade de trabalho. Deixou-lhe o endereço e ofereceu hospedagem sempre que fosse necessário. José guardou cuidadosamente aquelas anotações, pois algo lhe dizia que muito em breve precisaria delas.

A vida transcorria naquele marasmo, até que a chegada do inverno veio trazer uma grande mudança na vida de José. Ao anoitecer, seu pai se queixara de certa palpitação. Então José imediatamente se dispôs a preparar a charrete para irem à cidade.

— Não, filho, já passou, e não há necessidade de sairmos a esta hora. Já está escurecendo. Amanhã iremos ao médico para você ficar sossegado. Agora vou me deitar e descansar.

José orou a Deus, pedindo pela saúde de seu pai. Porém, não conseguia pregar o olho, ficava atento para ver se seu pai dormia normalmente, até que o sono o venceu.

Ao clarear o dia, José acordou sobressaltado e dirigiu-se ao leito do pai, que estava silencioso. Ali chegando, viu que o pai estava com uma perna para fora da cama e aproximou-se para ajudá-lo a se acomodar. Ao tocar nele, deparou com a triste realidade. Ele estava frio, e José observou então que as pontas dos dedos estavam arroxeadas.

Colocou o ouvido sobre o coração do pai, chamou por ele, e nada. José se ajoelhou, chamou pela mãe, pela tia, pelos anjos protetores, por Jesus! Clamou pela misericórdia divina, e o pranto desesperado tomou conta daquele jovem que se sentia sozinho, desamparado, esquecido por Deus.

Ainda ajoelhado, José sentiu-se envolto em uma atmosfera de paz e, em prece, percebeu que alguém estava a seu lado. Ficou temeroso em levantar os olhos, mas num esforço supremo conseguiu perceber que uma figura feminina, resplandecente de luz, estendia os braços em direção a seu pai. Para sua surpresa, viu o pai ser retirado da cama por dois enfermeiros. José, que estava ajoelhado, levantou-se rapidamente, assustado, imaginando estar vendo coisas.

— Meu Deus! O que está acontecendo?

— *José, meu filho querido! Acalme seu coração! Aqui estamos para acolher meu amado companheiro de tantas jornadas! Ele cumpriu seu compromisso nesta existência e é chegada a hora do retorno ao plano espiritual. Filho, somos espírito e corpo físico, sendo que o espírito é imortal e, durante o tempo que foi previamente estabelecido pela Divindade, o corpo lhe serve de instrumento para cumprir sua tarefa terrena. Seu pai foi um guerreiro, trabalhando com afinco a fim de lhe proporcionar uma vida simples, mas digna. Ele tem um amor imenso por você, e juntos nos propusemos a formar uma família, mas levei uma programação reencarnatória bem mais curta. Minha existência na Terra cessou quando, por meu intermédio, você reencarnou. Saldei, então, débitos pendentes, frutos de meus erros do passado, cobrados pela Lei de Ação e Reação. Sofri muito quando me separei de você. Mas Jesus abençoou minha dolorosa experiência, meu retorno ao mundo espiritual depois que dei à luz meu filho tão querido e desejado. Dentro dessa mesma Lei Divina, tanto você como seu pai também haviam se proposto a enfrentar esta prova reencarnatória, enfrentando as inúmeras dificuldades causadas pela desencarnação de uma mãe que deixa na Terra o bebê recém-nascido. Você agora irá trilhar outros caminhos, cumprindo os compromissos assumidos no mundo espiritual. Meu amado filho, fique tranquilo, pois estaremos juntos, orando por você, que é nosso adorado anjo!*

José sentiu-se como em um rápido despertar, tendo gravado na mente as palavras que acabara de ouvir. Sim, ouvira, mas de uma forma diferente; parecia que alguém falava dentro do seu cérebro e, ao mesmo tempo, sentia que aquelas palavras ecoavam pelo quarto silencioso. Era uma mistura de sonho, realidade, surpresa, felicidade, pois estava na presença da mãe querida.

Ele tinha certeza absoluta de que sua mãe o abraçara e lhe dissera tudo aquilo, mas por que o deixara novamente? Por que não ficava mais um pouco para conversarem? Ele tinha tantas coisas para lhe falar! José despertou daquele torpor e não se apercebeu de que sua mãe ainda estava presente.

José, tocando o corpo de seu pai, sentiu sua rigidez. Por alguns momentos perguntou a si como poderia ter visto seu pai levantando, se estava tocando seu corpo.

— Meu querido, agora que seu pai foi amparado e conduzido, eu gostaria de lhe dizer que seu corpo material faleceu, mas, em espírito, ele continua vivo. A vida é eterna: no mundo espiritual, continuamos nossa jornada evolutiva. Sei que você não teve ainda a oportunidade de se inteirar dos assuntos referentes ao nosso Eu espiritual. Mas daqui a algum tempo você será convidado a se aprofundar no conhecimento do princípio espiritual. E, quando esse momento chegar, não perca a oportunidade e

abrace o novo caminho do conhecimento que Jesus haverá de lhe apontar. Hoje você cuidará do corpo que serviu a seu pai como repositório divino para que o espírito pudesse cumprir seu compromisso reencarnatório, e acabamos de acolher esse espírito que retorna após ter cumprido sua missão. Amado filho, quero abraçá-lo com todo o amor de minha alma. Até breve!

No vilarejo próximo havia um farmacêutico e uma pequena capela onde, aos domingos, o padre Domenico rezava a missa. Antes de para lá se dirigir, José caminhou até o sítio vizinho para pedir ajuda ao velho amigo de seu pai, pois desejava ir até o vilarejo solicitar a vinda do padre. Esse amigo prontificou-se a auxiliar e se dirigiu de imediato àquela casa onde agora imperava a dor da separação. Ali aguardaria que retornasse aquele filho tão sofrido, na companhia do padre que cuidaria de encomendar aquela alma a Deus.

Padre Domenico, ao terminar o ofício, fez questão de acompanhar José até o sítio, pois tinha grande apreço por aquela família. Afinal, celebrara o batismo de José e sempre que podia visitava aquela família que ele tinha como ovelhas de seu rebanho.

Ao retornar ao sítio, José observou que os amigos de seu pai ali estavam, já em vigília, tendo preparado o morto para o velório. Todos, em profunda reverência, acompanharam as orações que padre Domenico dirigia àquela alma segundo os preceitos do Catolicismo.

Tomadas todas as providências, José acompanhou o sepultamento do pai com o coração em frangalhos. Naquela mesma noite, decidiu que ali não ficaria mais e que na manhã seguinte daria um novo rumo à sua vida.

Já fazia algum tempo havia outro sitiante interessado em adquirir aquele pequeno sítio. Tratava-se do vizinho da direita, que queria ampliar sua plantação. José o procurou imediatamente para tratar da venda. Sua decisão estava tomada, tentaria a vida em outras paragens.

Feitas as negociações, José vendeu a pequena propriedade que o vira nascer e crescer. Ali se encerrava uma parte de sua história. Era preciso iniciar novo ciclo de vida. E assim José se preparou para que aquela última noite em sua velha e amada casinha fosse tranquila e serena.

Capítulo 3

Tantas foram as lembranças que vieram ao coração de José que ele nem percebeu o tempo passar.

— Mariana, venha ver que linda ninhada de pintainhos acabamos de ganhar! — José, feliz, chamava pela esposa. — São muitos, e estão fortes!

— Já vou, José. Estou terminando de ajeitar a cozinha, quero deixar tudo adiantado para amanhã — responde Mariana com presteza.

Assim passaram a tarde admirando a criação. Em seguida, dirigiram-se à plantação, agradecendo a Deus pela dádiva da vida e pelo lar.

Naquela noite, Mariana não consegue conciliar o sono. Seu pensamento está completamente tomado pelas lembranças da adolescência, do momento do reencontro com Renato e de quando se apaixonara perdidamente por aquele moço que se apresentava gentil e galanteador.

As recordações a levam a anos atrás, até a casa de Helena.

Fim de tarde, as duas mocinhas conversavam no jardim quando entrou o jovem Renato, que se apressou a cumprimentar a irmã, observando Mariana, pois fazia muito tempo que não a via.

— Mariana, como você está bonita! Nem parece aquela menina sardenta que conheci e que chorava por qualquer coisa!

— Você também está bem diferente, Renato. Por onde você andou? Também lembro que você sempre foi muito peralta, vivia com as canelas inchadas e feridas pelas quedas constantes e pelas brincadeiras perigosas de que você tanto gostava. Você já criou juízo?

— Para você ver! O tempo passa e agora já me ocupo com outras coisas. Esse tempo que passei na capital de São Paulo, lá na casa da tia Eunice, me fez muito bem. Concluí o curso ginasial e pretendo retornar para continuar os estudos e ser alguém na vida.

"Estou prestes a completar dezoito anos e quero que meus pais se orgulhem de mim. Estou esperando papai melhorar de saúde para novamente buscar em São Paulo melhores condições de vida. E, quando voltar aqui, será para passear."

— Helena, está na hora de voltar para casa, porque mamãe me espera para ajudar no preparo do jantar, pois papai retornará do trabalho antes de escurecer e vive nos dizendo que não gosta de saber que seus filhos estão fora de casa quando ele chega — diz Mariana já levantando para se despedir.

— Mariana, eu a acompanho! — apressa-se Renato solícito.

— Obrigada, Renato, não há necessidade!

— Faço questão, afinal, há quanto tempo não nos víamos! Acho que você tem muitas coisas para contar desta cidade que é tão pequena, mas que nos viu crescer.

Assim Renato segue com Mariana até sua casa, que ficava a mais ou menos dez quadras.

Conversaram bastante, riram muito e, na hora de se despedir, Renato, galanteador, beijou o rosto de Mariana, que se sentiu enrubescer, ao mesmo tempo em que um arrepio percorreu seu corpo da cabeça aos pés. Ela nunca tinha recebido um beijo de nenhum rapaz, pois isso não era comum ali naquela pequena cidade.

Renato percebeu que Mariana teve uma reação que lhe agradou e, naquele instante, disse para si mesmo que conquistaria aquela menina-moça. Despediu-se, dizendo que poderiam tomar sorvete no dia seguinte, pois naquele calor intenso e por ser sábado, seria o ideal para continuar aquela conversa tão agradável.

— Vamos, sim, Renato. Por volta das quatro horas da tarde podemos nos encontrar na sorveteria do largo da matriz. Diga a Helena que estaremos lá e, com certeza, ela irá também.

— Está certo, Mariana. Combinado!

No dia seguinte, Mariana procurou cuidar dos cabelos e colocar um vestido bem alegre. A mãe ficou surpresa com a preocupação da filha em olhar por várias vezes se a roupa estava boa e se os cabelos estavam bem penteados.

— Filha, por que hoje você está se preocupando tanto com a aparência? Está interessada em alguém? Filha, cuidado, pois você ainda é muito nova para namorar. Ainda não completou quinze anos, e seu pai vive alertando para que não tomem rumo errado na vida.

— Mãe, imagine! Estou só tomando mais cuidado na hora de sair. Hoje é sábado e todas as meninas procuram se arrumar melhor nesse dia, porque é comum o largo da matriz estar lotado de gente passeando, tomando sorvete, conversando!

Às quatro horas, quando Mariana chegou à sorveteria, viu Renato sozinho.

— Renato, por que Helena não veio? Sei que ela gosta muito de sorvete!

— Ah! Ela precisou ajudar mamãe, porque papai hoje amanheceu muito cheio de dores. Mamãe pediu a Helena que ajudasse nos afazeres da casa, pois duas tias virão visitar papai.

— Que pena! — disse Mariana, sentando-se naquela banqueta que os deixava muito próximos.

Renato procurou puxar conversa, contando coisas interessantes que havia vivenciado na capital, e o fazia com tal entusiasmo que Mariana nem se deu conta do passar das horas.

Já começava a escurecer e Mariana percebeu que deveria retornar para casa. Levantou-se, e, naquele momento, Renato segurou sua mão e disse que a acompanharia novamente, pois seria indelicado deixá-la ir sozinha.

Novamente, Renato se despede de forma carinhosa e o coração de Mariana fica aos pulos. Ela entra em sua casa, completamente inebriada com aquele rapaz que conquistara seu coração.

Na manhã seguinte, Mariana, a mãe e a irmã mais nova foram à missa na igreja matriz e lá se encontraram com Helena. Após o encerramento da missa, saíram juntas da igreja e caminharam por algumas quadras, quando Helena as convidou para tomar café em sua casa.

Aceito o convite, foram recebidas com alegria por Rosa, que sempre tivera grande carinho por Mariana, por sua mãe Joana e por toda a família. As duas velhas amigas começaram a comentar sobre as dificuldades da vida, as doenças que chegavam com a velhice, enfim, como a vida se tornava difícil com o passar dos anos.

Mariana, Helena e a pequena Elisa foram ao quintal, onde havia plantas, flores, galinhas e um balanço, que de imediato atraiu a atenção de Elisa. E assim as duas amigas puderam conversar mais à vontade.

— Helena, você fez falta ontem lá na sorveteria!

— Que sorveteria? — pergunta Helena demonstrando surpresa.

— Na sorveteria onde Renato e eu passamos algumas horas conversando e rindo muito!

— Mas eu nem sabia que vocês iriam até lá! Por que não me falaram?

— Você não estava ajudando sua mãe, para receber as tias que vieram visitar seu pai?

— Sim, as tias vieram, mas ajudei mamãe pela manhã e à tarde fiquei aqui sem nenhuma ocupação!

Mariana naquele instante resolveu não continuar o assunto, pois entendeu que Renato queria mesmo era ficar a sós com ela e, por esse motivo, não convidara a irmã.

Naquela manhã, Mariana não viu Renato nem perguntou por ele.

Na segunda-feira, Mariana teve uma nova surpresa. Ao sair da escola, viu que Renato a esperava. Sentiu seu coração acelerar, mas procurou disfarçar.

— Renato, você por aqui?

— Vim à casa de um amigo e resolvi esperá-la, afinal podemos ir juntos, pois nosso trajeto é o mesmo! Somos bons amigos, certo?

Mariana fez um grande esforço para estancar aquelas lembranças que a levaram de volta ao passado.

Sentiu as lágrimas correndo na face. Procurou se conter, pois José tinha o sono leve e, se percebesse que ela chorava, certamente insistiria em saber o motivo.

Após muitas orações, Mariana conseguiu conciliar o sono.

Capítulo 4

Ao despertar, Mariana percebe que José já havia se levantado e estava preparando o café da manhã. Ela o observa e sente-se culpada por ter se permitido divagar em tantas lembranças na noite anterior. Seu marido era um homem de bem, e ela deveria respeitá-lo sempre e tentar de todas as formas agasalhar os melhores sentimentos em relação a ele.

Quando fez suas orações matinais, Mariana pediu a Jesus que protegesse seu lar, o marido e a ela própria, que lhe desse forças para jamais permitir que as lembranças do frustrado amor do passado viessem a macular aquela união com a qual ela fora presenteada pelo Pai da Vida.

— Mariana, vamos tomar nosso café — José lhe disse amorosamente.

E assim iniciaram o dia.

— Mariana, como estamos tão pertinho da cidade, você se importaria de ir ao médico sem que eu a acompanhe? Preciso providenciar a colheita de uma parte dos legumes, pois está chegando o momento e receio que passem do ponto.

— Fique tranquilo, José, pois estou bem, é apenas uma consulta de rotina. Seu almoço está pronto. Se eu me atrasar, não me espere, pois se houver tempo ainda passarei para dar um abraço em minha madrinha. Soube que ela não está muito bem.

Mariana e José haviam conseguido adquirir aquele carro simples e pequeno, mas que servia a eles da melhor maneira possível. E, pela insistência de José, ela já havia conseguido sua carteira de habilitação — algo que não era tão comum para as mulheres naquela época.

Em pouco menos de trinta minutos, Mariana já estava no consultório médico onde faria sua consulta de rotina, pois pela sua história familiar ela apresentava propensão a desenvolver o diabetes. Naquele dia já deveria retirar os pedidos para os exames laboratoriais e, por meio de acompanhamento médico, obter as orientações necessárias.

Após a consulta, Mariana se dirige à casa da madrinha de batismo, pessoa muito querida, que sempre lhe dera apoio, principalmente naquela fase sofrida que ela jamais se esqueceria.

— Minha querida afilhada! Que alegria poder abraçá-la! Estava com saudade! Vamos, conte-me as novidades, pois devem ser muitas!

— Madrinha, sua bênção — diz Mariana, beijando as mãos já enrugadas daquela sua segunda mãe, como costumava dizer. — Tenho, sim, muita coisa para lhe dizer, e preciso de suas rezas para que eu me desligue das lembranças que estão me tirando o sossego. A senhora não imagina quem eu encontrei na casa de Helena, há alguns dias!

Mariana relata para a madrinha como fora seu encontro com Renato e também toda a agitação que tomou conta de sua mente depois desse dia.

— Minha querida, é preciso tirar essas recordações amargas de seu coração, pois mais hora menos hora você acabará deixando transparecer para José os sentimentos que percebo ainda não terem sido extirpados totalmente de seu coração, apesar de tudo o que aconteceu.

— A senhora tem razão. Na volta para a casa, após aquele encontro inesperado, quase contei a José toda a minha história, mas senti dentro de meu coração que não era chegado o momento e me calei. E agora vim lhe pedir ajuda: o que devo fazer?

— Mariana, você sabe que a quero como uma filha muito querida e orarei muito a Jesus para que tenha serenidade e relate tudo a José, e para que ele possa ser verdadeiramente seu companheiro.

— Venha, vamos para a cozinha, pois fiz aquele bolo de fubá de que você tanto gosta.

Após as despedidas, Mariana sente-se encorajada para chegar a casa e colocar José a par de seu passado não tão remoto, mas que ainda a machucava bastante.

A cidade era pequena e todos se conheciam. Por esse motivo, Mariana dirigia bem devagar, cumprimentando um e outro. Ao chegar à esquina onde residia a amiga Helena, ali estava Renato, que ao vê-la coloca-se quase à frente do automóvel, pedindo-lhe que parasse o veículo.

Mariana titubeia, mas como estava dirigindo devagar, Renato abre a porta do carro e senta-se no banco do passageiro sem a menor cerimônia.

Ela pede para que ele saia, porém Renato lhe diz que precisavam conversar. Tinha voltado da capital exatamente para aquela conversa, uma vez que ele havia se arrependido muito por tudo o que acontecera no passado.

Mariana fica atordoada. "O que fazer?" — e nessa incerteza dirige-se para a saída da cidade, e sob uma árvore estaciona o automóvel para ouvir o que Renato tem a lhe dizer.

— Sei que não fui correto com você ao fugir para a capital quando mais precisava de mim! Mas, como eu enfrentaria seu pai e o meu pai também? Não tive coragem. Acabara de completar dezoito anos quando tudo aconteceu! Eu era ainda quase um menino! E você, aos quinze anos, também era quase uma criança!

— Desça do carro! Isso tudo ficou no passado, e hoje sou uma mulher casada e tenho um marido que me faz muito feliz — disse Mariana trêmula.

— Não acredito que você seja feliz! Você não pode ter se esquecido daquele primeiro amor. Sei o que representei para você, assim como você representou para mim!

— Vamos, desça, por favor.

Renato sente que não é o momento para insistir e, calado, abre a porta do carro, dizendo que aquela história ainda não havia terminado.

Mariana sai apressada, os olhos marejados de lágrimas. E quando está quase chegando a casa, desaba em choro convulsivo, por causa do retorno ao passado e com a dor do remorso lhe invadindo a alma. Sob a sombra de uma frondosa árvore, fecha os olhos, pedindo a Jesus que a abençoe.

Seus pensamentos a levam àquela manhã em que se levantara vomitando e com fortes tonturas. Sua mãe a amparou, preparou um chá para que ela melhorasse. Mas como estava apavorada!

"Meu Deus! O que será de mim agora? Como farei para contar a meus pais? Nunca serei compreendida! E toda a cidade me julgará! Jesus, me ajude!"

Pegou suas coisas para ir à escola, mas na realidade foi à procura de Renato, desesperada.

— Renato, acho que estou grávida! Conversei com algumas amigas, fiz perguntas sem dizer que era eu mesma que precisava saber de tudo aquilo e, pelo que está me acontecendo, tenho quase certeza da gravidez! O que vamos fazer?

— O que faremos? Ou o que você vai fazer? — diz Renato também assustado.

Diante daquela frieza, Mariana sentiu o chão sumir sob seus pés. Caiu em choro convulsivo, desesperou-se, e sua vontade foi sumir no mundo!

— Mariana, acho que só há um caminho! Vamos procurar alguém para resolver esta questão!

— De que modo? — pergunta Mariana confusa.

— Do modo como todo mundo faz, ora essa.

Mariana saiu correndo e retornou para casa, pois sabia que naquela hora seu pai já havia saído para o trabalho e sua mãe estaria sozinha.

— Mamãe, por favor, preciso de sua ajuda — disse Mariana, tremendo igual a uma vara verde!

— Minha mãe, não ouvi seus conselhos! A senhora sempre me falou para não me deixar levar pelas palavras melosas de Renato e muito menos permitir qualquer intimidade, mas acabei me deixando levar e agora acho que estou grávida. Ajude-me, por favor! Sei que quando meu pai souber, ele me colocará para fora de casa! Estou apavorada!

Joana desabou diante de tudo aquilo. Nunca havia lhe passado pela cabeça que pudesse acontecer algo semelhante a alguma de suas filhas. Mesmo assim procurou se controlar. Tinha muito receio de enfrentar o marido, mas precisava fazer alguma coisa. Pensou por alguns instantes e logo lhe veio à mente a figura de dona Ditinha, aquela idosa parteira que havia trazido ao mundo suas duas filhas.

— Filha, só podemos fazer uma coisa. Vamos procurar dona Ditinha e pedir para que ela livre você dessa situação. Sei que é contra as Leis de Deus, mas é o caminho que precisamos procurar para evitar uma tragédia em nossa família. Vou agora mesmo à casa dela pedir ajuda, e você fique aqui.

E assim Joana, recompondo-se do susto, foi à casa de dona Ditinha. Lá chegando relatou todo o drama que havia caído sobre ela e Mariana, e pediu ajuda.

A parteira era uma pessoa muito prestativa, que atendia a muitas mulheres daquela comunidade fazendo os partos, mas também era procurada para "dar um jeito" quando a situação assim o exigia. Dessa forma, combinou com Joana que na manhã seguinte poderia levar a filha.

Capítulo 5

Naquela noite, nem Joana nem Mariana conseguiram dormir. Cada uma sentia a situação de forma diferente, apesar de já haver uma saída para resolver o problema de imediato.

Joana tinha noção de que estava cometendo um pecado perante o Criador, mas sabia que Ele entenderia a situação. Mariana, por sua vez, sofria por se ver abandonada por Renato, diante daquele momento que, para ela, era de imenso desespero. Ainda não tinha maturidade para avaliar o peso daquela atitude.

Na manhã seguinte, Mariana não tomou o café da manhã, pois estava ansiosa demais, esperando o momento de se dirigirem à casa de dona Ditinha. Assim que seu pai saiu para trabalhar, Joana a chamou para fazer o que era preciso.

Dessa forma, Mariana foi atendida naquele pequeno quarto em que dona Ditinha trabalhava. Era tudo muito limpo, desinfetado — como ela dizia —, e foi ali que Mariana, sem ter noção exata do ato que praticava, interrompeu a gravidez, impossibilitando assim a vinda do espírito que tinha intensa ligação com ela e com Renato.

A energia reinante no local não era saudável, e aquele espírito que havia sido expulso de forma dolorosa do campo energético de sua futura mãe sentia-se rejeitado em seus propósitos de retornar à Terra.

Joana aguardava na sala ao lado, pedindo a Deus que perdoasse a ela e também à filha, pois tinha exata noção do ato que estava sendo praticado, mas procurava justificar aquela atitude pelo bem da família.

Após algum tempo, dona Ditinha foi ao encontro de Joana, informando que tudo havia dado certo e que Mariana deveria permanecer ali deitada, pelo menos até o fim da tarde.

Joana se apressou a ir para junto da filha, e ali mesmo fizeram um pacto para que aquele assunto não fosse dividido com ninguém, nunca. Dona Ditinha aprovou o compromisso que as três assumiram naquele instante.

— Filha, venho buscá-la um pouco antes do horário da chegada de seu pai, para que nada mude na rotina da família.

— Dona Ditinha, até o fim da semana conseguirei o dinheiro para o pagamento do serviço feito.

E assim Mariana permaneceu em repouso até as três horas da tarde, quando sua mãe chegou para que juntas retornassem ao lar. A menina estava abatida, mas como moravam próximo dali foram para casa bem devagar. Ali chegando, Mariana se dirigiu ao quarto, onde permaneceu em repouso.

Joaquim, pai de Mariana, como sempre fazia ao chegar à casa após o dia de trabalho, perguntou pelas filhas e se preparou para o banho antes do jantar.

— Joaquim, Mariana está deitada porque não está bem do estômago. Você lembra que há dois dias ela vomitou muito? Pois é, acabou tendo um problema sério de intestino e estômago, mas agora, com os chás que tomou, já está melhor. Fiz um caldo para que amanhã ela possa retornar à escola completamente curada.

Joana falou tudo aquilo com o coração apertado, pois não tinha o hábito mentir. No entanto, diante da situação, mais uma vez pedia perdão a Deus.

Joaquim ouviu tudo aquilo com a maior naturalidade, pois ele mesmo já tivera indisposição estomacal e também ficara muito enjoado, mas havia melhorado com os chás que Joana preparava.

Naquele momento, Mariana, que havia se lembrado de todos aqueles fatos, bem como dos relatos que sua mãe fizera a respeito de como conduzira o assunto perante Joaquim, sentiu um calafrio, como se alguém estivesse ali junto dela participando daquele filme que havia sido apresentado.

— Não quero mais pensar nisso! Agora estou vivendo uma nova vida e serei feliz!

— *Será mesmo?*

Mariana ouviu a pergunta dentro de seu cérebro.

— O que é isso? Por que esse pensamento?

— *Quero que você saiba que fui expulso de sua vida, da maneira mais infame, mas você não conseguirá engravidar mais, de jeito algum, porque vou impedir. Você não me recebeu como filho, então não receberá mais ninguém!*

— Nossa, que pensamento horrível! Farei uma oração a Jesus pedindo perdão pelo que fiz.

Mariana orou a Deus pedindo que Ele a perdoasse, pois quando tudo isso acontecera ela se sentira apavorada, perdida, sem rumo, e não havia outra saída. Pediu forças para voltar ao lar e retomar sua vida, pois era tudo o que mais queria naquele momento.

José já havia feito sua refeição e se preparava para voltar ao trabalho, quando Mariana entrou no sítio. Ela foi ao encontro do marido, falando da consulta médica, da visita à madrinha, procurando ser a pessoa mais serena possível.

Mas alguma coisa dentro dela começava a mudar. O coração estava um pouco descompassado, os pensamentos a levavam às recordações do aborto realizado, à recente conversa com Renato — tudo isso formava um turbilhão mental. Por mais que procurasse se controlar, estava se sentindo ansiosa, nervosa, descompensada.

No fim do dia, José retornou cansado — como de costume — e ansioso para se banhar, jantar e deitar-se na rede contemplando a natureza na companhia de Mariana.

No jantar, sente que Mariana está quieta e lhe faz muitas perguntas, às quais ela responde sucintamente, sem se dar conta de que estava se comportando de maneira diferente do que a usual. Nem ela mesma estava entendendo o que se passava.

No horário costumeiro, Mariana e José se recolhem, pois no dia seguinte haveria muito trabalho.

José rapidamente adormece, o que não acontece com Mariana.

Ela novamente se vê presa a pensamentos de remorso e de revolta. Naquele momento, recorda-se da doença que atingiu seu pai, quando ela completou dezessete anos. Foi algo muito rápido. Aquela fraqueza, mal-estar, algumas manchas vermelhas pelo corpo, estado febril.

O médico pediu alguns exames, que deveriam ser feitos na capital, mas o pai, teimoso que era, relutava diante dessa necessidade. Tentou alguns remédios caseiros, até o dia em que não conseguiu se levantar da cama. O médico foi chamado e aconselhou a internação no hospital da cidade mais próxima, que tinha mais recursos. Feitos alguns exames básicos, o diagnóstico assustador os atinge como um raio.

Leucemia!

Apenas dois meses depois Joaquim deixava aquele corpo físico, retornando à vida espiritual.

A dor atingiu aquela pequena família que agora lutaria com muita dificuldade. Mariana sente que precisa auxiliar sua mãe na manutenção da casa, pois seriam apenas a mãe e as duas filhas. Consegue trabalho em uma loja de tecidos, pois a mãe tinha um bom relacionamento com os proprietários por ser uma costureira muito conhecida na cidade.

Naquele momento, as lembranças a levam a Rosa e Helena, amigas da família, que jamais souberam do acontecido entre Mariana e Renato, pois aquele segredo era mantido "a sete chaves". Helena, mesmo sendo a melhor amiga de Mariana, não ficara sabendo da gravidez. Sabia que entre eles houvera um namorico apenas. Mariana se recorda que, ainda no dia em que fizera o aborto, Renato partira para a capital.

Finalmente o sono vem e lhe proporciona o desdobramento natural. Em espírito, afasta-se do corpo físico.

De imediato reconhece-se caminhando por um vale com aparência sinistra. Não vê ninguém a seu lado e sente certo temor. Tem a sensação de que alguém caminha a seu lado, mas não consegue visualizar. Onde estaria?

De repente avista um pequeno declive mais adiante, onde está sentada uma pessoa. Ao se aproximar, uma enorme surpresa a aguarda.

— *Filha, ajude-me! Tire-me daqui. Veja, minhas pernas estão atrofiadas e não consigo me levantar. Tenho clamado por ajuda, mas ninguém vem em meu socorro!* — suplicava Joana desesperada.

— Mãe, mas o que foi que lhe aconteceu? A senhora está morta! Como é possível estar neste lugar, se eu mesma acompanhei seu sepultamento?

— *Mariana, minha filha, estou sofrendo muito desde aquele momento que desfaleci sobre a máquina de costura e você correu para chamar o médico. Aqueles dois enfermeiros que chegaram e me disseram que cuidariam de mim me retiraram dali e me levaram para um lugar horrível! Fui abandonada sem nenhum atendimento em um quarto sem ar, sem luz e onde ouvia um choro de criança, dia e noite! Eles não eram enfermeiros, muito pelo contrário, eram frios e cruéis, e disseram que estavam ali para fazer um serviço e que eu ficaria naquele lugar até o dia em que aquele que os contratou viesse para conversar comigo. Depois de algum tempo chegou uma mulher com aspecto horrível, que abriu a porta e me mandou sair e andar na direção do vale. Fiz isso, pois queria pedir a ajuda de alguém, mas não havia nada. E até agora estou esperando a pessoa que contratou aqueles homens para saber por que eu estava naquele lugar. Quando me senti sem forças, sentei-me, e, para minha surpresa, não consegui me levantar.*

— Mas não é possível! Eu mesma trouxe o médico, o qual constatou que a senhora havia tido um ataque cardíaco. Nós a colocamos sobre a cama, houve o velório, o funeral, e eu acompanhei tudo com muita dor, mas vi seu corpo ser sepultado!

Naquele momento, José chama por Mariana. Ela desperta assustada, e ele diz à esposa que estava falando alto, respirando ofegante, e imaginou que ela estivesse sendo vítima de um pesadelo. Por esse motivo, achou melhor acordá-la.

Ela toma um pouco de água, respira fundo e pede a ajuda de Jesus para esquecer aquele sonho que tivera, no qual tinha visto sua mãe em um local sombrio e assustador.

Aos poucos, vai se acalmando e consegue adormecer até o raiar do dia.

Capítulo 6

Ao se levantar, Mariana não consegue coordenar as ideias. A lembrança da mãe não lhe sai do pensamento, o encontro com Renato lhe traz uma sensação horrível de traição a José, apesar de ter se comportado de maneira digna e forte. Mas, mesmo assim, ela não se sente confortável. Seu pensamento a leva até seu pai. Onde estaria ele? Por que sonhara com sua mãe naquele lugar horrível, mas não tinha visto seu pai? Não deveriam estar juntos?

Mariana se apressa em ordenhar as vaquinhas, pois aquele leite precioso seria usado na preparação dos queijos para atender a freguesia que a aguardava semanalmente. Fazia tudo mecanicamente, pois o pensamento continuava ligado ao sonho daquela noite.

No fim do dia, José encontra a esposa abatida e associa aquele estado à necessidade de fazer os exames solicitados pelo médico.

— Mariana, amanhã mesmo faremos os exames que o médico pediu. Desta vez eu a acompanharei, pois precisaremos ir até Santa Bárbara e prefiro dirigir o carro naquela estrada, que é um pouco mais movimentada do que essa estradinha com a qual você está acostumada.

Para alegrar a esposa, José a convida para caminhar um pouco pelo gramado, ouvir os grilos, olhar os vaga-lumes, admirar as estrelas, enfim, agradecer a Deus por aquele cantinho maravilhoso que os acolhia.

Mariana, mesmo sem vontade aceita o convite, mas o pensamento está longe.

Por volta das nove horas da noite já haviam se recolhido. José, cansado, adormece enquanto Mariana se agita sem conseguir conciliar o sono, como acontecera na noite anterior.

Finalmente adormece e, como estivera sintonizada durante todo o dia com a lembrança da mãe, naturalmente dirige-se ao mesmo local onde, na noite anterior, ambas se encontraram.

– *Mariana, que bom que você voltou! Por que fugiu de mim, sem nem me ajudar a levantar? Por caridade, tire-me daqui.*

Mariana instintivamente segura os braços da mãe para levantá-la, mas não consegue. Esforça-se, e nada! Fica intrigada e pede para que a mãe a ajude firmando-se para levantar.

— Mãe, o que está acontecendo? Desde quando a senhora está assim?

— *Desde o momento em que saí daquele quarto infecto para onde fui levada. Saí de lá cambaleante, sem forças, e de repente me vi no chão, não conseguindo mais me levantar.*

— Se a senhora morreu e está falando comigo, posso imaginar que meu pai também deva estar em algum lugar! A senhora não se encontrou com ele? Não pediu ajuda a ele?

— *Ah! Que cena comovente! Então encontro as duas juntas! Está melhor do que a encomenda! Sou mesmo uma pessoa de sorte* — diz um homem alto, de olhar sombrio e movimentos desalinhados.

— Quem é você? Você nos conhece? De onde? — indaga Mariana assustada.

— *Olhe bem para mim, não sabe mesmo quem sou eu? Puxe pela memória e saberá* — dizendo isso, ele se apresenta como um bebê todo ensanguentado, ainda não totalmente formado.

— Meu Deus, como pode ser isso? — dizem mãe e filha ao mesmo tempo.

O pavor é tão grande que Mariana retorna ao corpo em desespero, tremendo e suando muito. Senta-se na cama apavorada. Tem uma crise de choro e agarra-se a José, que acorda igualmente assustado diante do quadro.

— Mariana, o que foi? Outra vez você está tendo um pesadelo? Precisamos procurar o padre amanhã mesmo, pois alguma coisa está acontecendo. Vamos rezar!

José ora com fervor, pedindo a Deus que proteja sua esposa e a livre daqueles pesadelos que só podem ser coisa de alguma alma penada. Corre para acender uma vela, pedindo ajuda do anjo da guarda de Mariana, para que ele faça algo.

Mais uma noite maldormida e, no dia seguinte, José e Mariana se dirigem à cidade vizinha para fazer os exames laboratoriais. Na volta, José já havia decidido que iriam direto procurar o padre, para que ele pudesse fazer alguma coisa por Mariana.

E assim foi feito. José, ansioso, procura o padre Benedito, pedindo para que ele ajude a esposa. O idoso sacerdote, amoroso, encaminha o casal até a sacristia para se inteirar do que está acontecendo. Mariana não se lembra de todos os detalhes. Fala que sonhou com a mãe, e que ela pedia ajuda. Lembra-se de que em determinado momento apareceu alguém que não tinha um bom aspecto, mas não sabia de quem se tratava. Enfim, suas lembranças estavam bem fragmentadas. Após esse relato parcial dos acontecimentos das duas noites, o padre aconselha a ambos a fazerem uma novena e diz a eles que no domingo, após a missa, irá até o sítio para benzer a casa.

O casal retorna ao sítio, com esperanças de que a bênção do padre Benedito mais a novena que começariam naquele mesmo dia resolvessem aquele problema dos pesadelos.

Quando chega a hora de se recolherem, ambos se ajoelham para iniciar a novena com as rezas que lhes foram recomendadas. Depois de algum tempo, Mariana adormece e desdobra-se espiritualmente, mas permanece ali mesmo no quarto, pois sente medo de ser novamente levada àquele lugar horrível.

Ela percebe que há mais alguém ali no quarto, além de José. Pede a ajuda de Deus, pois naquele momento tem consciência de que algo está acontecendo, mas não sabe explicar o quê. Depois da oração, sente-se mais calma e já consegue visualizar um senhor sentado na pequena poltrona, próximo à janela do quarto.

Mariana fixa bem os olhos e tem uma surpresa.

— Pai! É o senhor mesmo? Está diferente! Parece tão saudável! Como é possível?

— *Minha filha, não tema. Sou eu mesmo, seu pai Joaquim. Aqui estou para ajudá-la. Sei que você tem deparado com situações surpreendentes envolvendo sua mãe. Por esse motivo, roguei a nossos instrutores que me dessem permissão para me aproximar de você. Sou um pecador, mas tenho um enorme amor por você e por sua mãe também, e o sofrimento dela é muito grande.*

— Meu pai, como é bom poder sentir que o senhor está perto de mim. Quando me encontrei com mamãe na primeira vez, acordei apavorada, pois levei um grande susto ao ver que ela havia morrido e estava falando comigo, dizendo que estava viva. Logo pensei que, se ela estava viva mesmo, o senhor também deveria estar.

— *Minha filha, hoje reconheço que fui um pai severo, mas quero que você saiba que tudo o que fiz foi por amar muito a você, sua irmã e sua mãe, e tudo o que eu mais queria era protegê-las. Por esse motivo, às vezes parecia tão ranzinza e exigente. Mas saiba que sempre procurei ser justo e cumpridor das minhas obrigações.*

— Diga-me uma coisa, por que o senhor não está no mesmo lugar que mamãe?

— *Infelizmente, sua mãe cometeu algumas falhas graves perante as leis divinas. Você sabe do que estou falando, não sabe?*

Naquele momento, Mariana sente-se profundamente envergonhada. Abaixa a cabeça, sem coragem de encarar o pai.

— Meu pai, perdoe-me. Sei, sim, do que o senhor está falando, e esse segredo está me corroendo. Tenho lutado muito com minha própria consciência, pois sinto que devo ser sincera com José, não só contando sobre o aborto, mas também sobre Renato e tudo o que aconteceu. Mas me falta coragem. Ajude-me!

— *Filha, não sou eu quem deve perdoá-la, mas sim Deus, que é nosso Pai Criador, da mesma forma que aquele que deveria ter reencarnado como seu filho. O aborto representa um crime perante a lei de Deus e, apesar de você ter se amedrontado muito pela sua pouca idade, pelo medo do julgamento das pessoas e pelo receio de me enfrentar, pois a figura do pai sempre causava temor nos filhos, você também adquiriu débitos perante essa lei.*

"Você ainda era muito jovem, pois uma mocinha aos quinze anos não tem o amadurecimento para discernir certas coisas. Isso certamente é levado em conta, pois você foi induzida tanto por Renato como por sua mãe a praticar aquele ato contra a vida de seu filho. A responsabilidade de cada um é proporcional ao seu amadurecimento, ao seu conhecimento, aos seus medos, à sua situação familiar, pois Deus é Pai de Infinito Amor e Bondade e nada se passa sem que Ele se faça Onipresente. Porém, a lei alcança a todos, como alcançou nossa amada Joana.

É por esse motivo que aqui estou, para podermos juntos ajudá-la neste momento doloroso."

— Meu pai, mas de que modo eu poderia ajudar? O senhor está sabendo que no meu encontro com mamãe fomos surpreendidas por um homem horrível que falou coisas assustadoras? E mais, ele acabou se transformando em um bebê ensanguentado na nossa frente!

– Filha, pense bem! Quem poderia conservar um quadro como esse em sua mente? Só poderia ser alguém que passou por uma profunda agressão! E para ter se apresentado justamente a você e a Joana é porque existe uma profunda ligação entre vocês! Minha filha querida, esse espírito é aquele mesmo que deveria ter reencarnado como seu filho, cuja morte foi provocada por sua mãe, num ato de profundo desconhecimento das leis divinas.

Naquele momento, Mariana se dá conta de toda a realidade. Liberta parcialmente do corpo físico, tem maior amplitude na visão espiritual e consegue sentir nas palavras de seu pai que ela e sua mãe infringiram as soberanas leis divinas. Mas o que fazer agora?

— *Filha querida, Deus é Pai de amor e nos dá sempre oportunidades renovadas para podermos reparar os erros cometidos. E você, estando ainda encarnada, deverá buscar de todas as formas novos rumos para sua vida. Você saberá como caminhar em uma nova estrada de arrependimento e de refazimento para sua própria jornada. É chegada a hora de você contar a José toda a verdade sobre o envolvimento com Renato, inclusive o fato do aborto. E juntos agora iremos auxiliar nossa querida Joana, que tanto necessita de amor e de amparo.*

Mariana e Joaquim se dirigem ao local tétrico onde se encontra Joana. O pai a orienta a elevar o pensamento a Jesus, pois precisariam do amparo divino para poder — de alguma maneira — unir-se em prece para tocar o coração daquela mãe que errou, também por ignorância e por medo do julgamento das outras pessoas.

Em segundos, pai e filha estão diante daquele espírito em profundo sofrimento.

— *Joaquim, Mariana, ajudem-me, pelo amor de Deus! Estou abandonada neste local horrível e ainda ameaçada por um homem assustador!*

Joaquim, elevando seu pensamento a Deus, busca ajuda para auxiliar a esposa. Ele a convida a orar, pedir ao Pai que a perdoe pelos erros cometidos.

Joana, sem se dar conta de que o esposo tinha conhecimento de todos os seus atos, pede que Deus a auxilie, mas faz um pedido superficial, sem buscar no fundo de sua alma as razões que a colocaram naquela situação.

— *Joana, minha querida, basta de se enganar! Se você quiser mesmo ser ajudada, é preciso buscar no fundo de sua alma sentimentos que precisam ser renovados. Você foi uma boa mãe, mas cometeu um grave erro ao induzir nossa filha à prática do aborto. Impedir a reencarnação de um irmão nosso é um crime tão grave quanto atirar em uma pessoa e tirar-lhe a vida. O ódio que você despertou no espírito expulso do campo energético de nossa Mariana fez com que ele jurasse vingança contra vocês e contra dona Ditinha, que ainda está no plano material, presa a grandes sofrimentos. Vamos, Joana, reflita em tudo isso, ore a Deus e peça perdão.*

Capítulo 7

Mariana retorna ao corpo físico. Desperta sem grandes sobressaltos, apesar de sentir uma grande tristeza e um enorme cansaço. Percebe que José está dormindo, observa o marido, que tem um semblante tranquilo, e é envolvida por uma sensação inexplicável de perda. Aos poucos tem uma vaga lembrança de ter estado com seu pai e do que ele lhe disse a respeito de contar a José toda a verdade sobre seu envolvimento com Renato. Naquele momento ela se decide. Fará isso no mesmo dia, pois precisa tirar tamanho peso de seu coração.

O dia transcorre de forma rotineira, com os afazeres normais que cada um deles abraçou com grande empenho.

Ao fim do dia, como o tempo estava chuvoso, José retorna um pouco mais cedo da roça, pois já escurecia, e o trato das hortaliças deveria ficar para o dia seguinte.

Durante o dia, Mariana havia se preparado para aquela conversa muito difícil, confiante quanto à compreensão do marido.

Após o jantar, José, que conservava alguns romances clássicos, pois gostava desse tipo de leitura, vai em busca do seu preferido. Ao sentar-se, vê que Mariana está séria e observa que seus olhos estão marejados.

— José, meu querido, preciso conversar com você sobre um assunto que me atormenta há algum tempo.

— Fale, Mariana, o que aconteceu? Estou surpreso e preocupado, ao mesmo tempo.

— Eu lhe peço que me ouça até o fim do meu relato, pois se você me interromper, creio que não terei coragem para continuar.

Mariana respira fundo e começa a relatar desde aquele momento em que se encontrava na casa de Helena e que Renato, o qual acabara de retornar da capital, veio cumprimentá-la. Ela não omitiu nada. Falou de sua empolgação ao rever Renato, de como se iludiu com as promessas dele. Falou das orientações que sua mãe lhe dava, abrindo seus olhos para não se deixar levar por falsas promessas. E, por fim, falou do que mais a afligia: da gravidez e do aborto.

Nesse momento, a expressão de José mudou completamente. Ele cerrou o semblante e os punhos, e num impulso esmurrou o livro que tinha nas mãos, como se necessitasse extravasar seus sentimentos de alguma forma.

José e Mariana não perceberam, mas naquele instante ali estava o espírito abortado, que se intitulava Fernando. Ele irradiava maus pensamentos, impregnava o ambiente com fluidos pestilentos. José, inadvertidamente, os absorvia integralmente, pois apesar de ser um bom homem, naquele instante sentiu-se profundamente traído, abrindo brechas para que toda aquela energia maléfica tomasse conta de sua individualidade física e espiritual.

Ao terminar aquela árdua recapitulação de uma fase de sua vida, Mariana, que até então mantinha os olhos baixos, as lágrimas lavando seu rosto, olha para José, que está pálido.

— José, fale comigo — pedia Mariana.

Alguns minutos se passaram e José se mantinha calado.

— Mariana, meu coração está quase explodindo com um sentimento que eu mesmo desconheço. Pensei que amasse você acima de tudo, mas acho que estava enganado. O que estou sentindo é uma profunda revolta, sinto-me traído por todo este tempo em que estamos juntos. Por um momento revi aquele encontro na casa de Helena, quando esse rapaz que fez parte de sua vida ali chegou e se portou de maneira falsa e hipócrita, e você mesma teve um comportamento aparentemente normal. Mas agora me sinto como alguém que fez papel de idiota.

"Por que Mariana? Por que você não me contou tudo naquele dia mesmo? Eu teria compreendido! E agora eu lhe pergunto: o que a fez me contar tudo agora? O que houve?

Será que houve mais alguma coisa depois daquele dia que você também está me escondendo?"

— Sim, José. Vou lhe contar, pois me decidi a não esconder mais nada. Quando fui à cidade para a consulta médica, Renato me interpelou, mas eu o repeli com muita fibra e seriedade. E mais, os pesadelos que tenho tido relacionam-se com todos esses fatos. Tenho algumas lembranças dos locais onde me sinto levada, quando durmo. E ontem, para minha surpresa, meu pai e eu fomos a um lugar onde se encontra minha mãe, e ele me aconselhou a falar tudo a você, o mais rápido possível.

— Agora já é demais! — diz José com sarcasmo. — Agora você quer colocar os mortos no meio!

Sem perceber, José estava completamente envolvido pelo Espírito Fernando, que insuflava ódio em seu coração e sarcasmo em suas palavras.

— Mariana, vou dormir, não quero ouvir mais nada — dizendo isso, José retira de baixo da cama do casal um colchão de solteiro e se ajeita sobre ele, sem ao menos desejar boa noite à esposa.

A chuva caía torrencialmente, raios e trovões faziam com que aquela noite trouxesse uma sensação desagradável, que mais aumentava o desconforto espiritual que pairava naquela casa.

Fernando ali permanecia, aguardando que José e Mariana, durante o sono, deixassem o corpo físico para continuar com aquele envolvimento, que chamava de tarefa reparadora.

Depois de muito se revirar na cama, José adormece e, de imediato, depara, em espírito, com Fernando.

— Quem é você? O que faz aqui?

— *Calma, José, não quero lhe fazer nenhum mal. Pelo contrário, quero ajudá-lo a não ser feito de bobo, mais uma vez. Ouvi tudo o que Mariana lhe contou. Espero que você não tenha acreditado que ela seja essa inocente criatura, certo? Você ouviu a história que Renato a interpelou na cidade? Pois é, ela não lhe contou que ele entrou no carro, que eles rodaram por algum tempo, contou? Não lhe disse que ele quis saber se ela era feliz, e lhe disse que a amava e que queria ficar com ela! Meu amigo, você precisa ficar esperto!* — Fernando tinha consciência de que estava acrescentando palavras que iriam ferir diretamente o coração de José, pois seu objetivo era estabelecer a discórdia, atendendo seus desejos de vingança.

Nesse momento, José desperta com uma sensação muito ruim. Começa a relembrar tudo o que Mariana lhe disse e, embora não tivesse exata noção do que Fernando falara, sentia que precisava esclarecer alguns pontos com ela — e faria isso logo que o dia clareasse.

Não conseguiu mais dormir, os pensamentos fervilhavam em sua mente.

Mariana, por sua vez, ao se desdobrar, não vê Fernando e procura se refugiar na igreja, pois estava amedrontada só em pensar na reação de José.

Quando se viu frente ao altar de Nossa Senhora, ajoelhou-se e pediu perdão. Suplicou à Virgem Maria que a auxiliasse naquele momento, pois sentia que José não havia demonstrado a compreensão que ela esperava.

Ali ficou por alguns momentos, sentindo imensa paz e, mais aliviada, retornou ao corpo físico quando o dia clareava. Os primeiros raios de sol penetravam pelas frestas da janela, e ela se apressou em levantar-se para preparar o café para José.

Dali a poucos minutos José também desperta, procurando fazer uma oração para que Deus abençoasse seu dia e lhe desse entendimento para os últimos acontecimentos. Pede força para poder se aproximar de Mariana, pois no fundo do seu coração gostaria de ser compreensivo, mas sentia que havia algo que não conseguia explicar e que o empurrava para ter reações grosseiras para com a esposa naquele momento.

Respirou fundo, pediu ao seu anjo da guarda que o ajudasse e foi em direção à cozinha.

— Bom dia, Mariana!

— Bom dia, José. O café está pronto e eu estava à sua espera para fazermos juntos esta refeição.

Mariana também se esforçava muito para ser natural, mas estava muito difícil. Sua vontade era perguntar a José se ele havia compreendido seu drama. Fez um grande esforço e assim terminaram a refeição.

José, como de costume, a beija na testa dizendo que por volta de onze horas retornaria para almoçarem juntos. E assim se dirige para o campo das hortaliças e legumes, prontos para a colheita.

No início de seu trabalho, José tenta ocupar a mente e agilizar o serviço, pois seria necessário preparar os fardos e ainda levá-los para a vila, onde os compradores já o aguardavam.

Enquanto ajeita a carga na carroça, sente um forte arrepio, e o cavalo relincha. José tem a sensação de que alguém se aproxima dele, mas não consegue ver ninguém. Procura se acalmar e terminar o carregamento.

Na estrada, calcula o tempo que demandariam as entregas aos dois mercadinhos para onde costumeiramente levava sua produção de legumes e hortaliças, quando o cavalo estanca repentinamente. José agora se assusta. De imediato, pensa em Jesus. "Valha-me Deus! O que está acontecendo? Minha mãe me proteja!".

Nesse instante, surge Fernando, espiritualmente, à sua frente.

— *José, não se assuste, pois não quero lhe fazer nenhum mal. Quero apenas que você me ajude a cobrar toda a dor que senti quando fui rejeitado por Mariana! Durante esse tempo todo, conservei muito ódio no meu coração, tanto por ela quanto por aquela que seria minha avó, e ainda por aquele que deveria ter sido o meu pai. Isso sem falar naquela parteira, hoje demenciada, a qual foi o instrumento para que tudo isso acontecesse.*

"Quando minha avó Joana deixou aquele corpo, eu e alguns amigos conseguimos levá-la a um local que lhe serviu como uma espécie de prisão, pois a própria consciência a segurava lá. Ela mesma se aprisionava, pois no fim de sua vida ela percebeu o tamanho do mal que me causou.

Depois disso, veio a segunda fase. Foi libertada de lá pela intercessão daquele que teria sido meu avô. Joaquim é um espírito do bem e tem procurado auxiliar a esposa, mas ela mesma dificulta as coisas. Até Mariana, a mãe que me rejeitou, tem participado desse drama que está se desenrolando naquele vale de sombras.

Estou lhe falando tudo isso porque você não merecia passar por esse dissabor. Se a sinceridade não existiu quando deveria, agora muito menos. Fui rejeitado e você está sendo enganado."

Para José, tudo aquilo era um pesadelo. Ele estava lívido. Mal respirava, mas entendia tudo o que Fernando lhe dizia. Pensamento cristalizado no ódio, o espírito impregnava o ambiente com fluidos pestilentos. Envolvido em energias negativas, José sentiu um imenso mal-estar.

Depois de destilar aquele fel todo, Fernando se retira e José sente a brisa bater em seu rosto. Respira melhor e começa a pensar em tudo aquilo que ouvira. Não conseguia sentir raiva daquele moço que ali estava desabafando toda a sua ira. Por quê?

Mais uma vez, José procura a ajuda de Jesus. E, naquele momento, sente um imenso bem-estar. Sente um carinho intenso envolvê-lo. Um delicado beijo em sua testa o faz identificar a figura amada de sua mãezinha.

— *Filho querido, acalme seu coração. Fernando ainda guarda a dor da rejeição e não está disposto a refletir sobre tudo isso. Por mais que tenha recebido ajuda, nega-se a perdoar para preparar-se para reencarnar. Precisamos ajudá-lo.*

"Meu amado José, tente compreender Mariana. Ela era quase uma criança e não tinha ainda a visão do futuro, desconhecia a responsabilidade que a maternidade nos oferece. Errou, sim, ao esconder de você esses fatos, pois quando vocês iniciaram o namoro ela já não era mais aquela adolescente. Já era uma mulher adulta, mas o medo de perdê-lo também motivou tal omissão. Tente perdoar, filho querido."

As lágrimas jorravam pela face de José. Ele estava tranquilo, pois a presença de sua mãe lhe trouxera uma paz maravilhosa. Disse para si mesmo que tentaria.

Naquele instante, retoma sua viagem até a vila, e até o cavalo obedece com docilidade à sua ordem de comando. Sentia-se bem, apesar de ter vivido grandes emoções.

Ao chegar à vila, José entrega a mercadoria nos dois mercadinhos — como de costume — e resolve fazer uma parada no bar do amigo Tião para tomar um refrigerante antes de retornar ao sítio.

O amigo pergunta como estavam as coisas no sítio, como estava Mariana, enfim, puxa vários assuntos enquanto José descansa um pouco.

Mas a mão do destino age sempre como instrumento divino para aproximar as pessoas, ou para dar-lhes a oportunidade de escolhas.

Capítulo 8

— Olha quem está chegando! Renato! Vocês já se conhecem? — Tião diz.

— José sente o chão sumir sob seus pés. Não responde.

Renato entra no bar cumprimentando Tião e estende a mão para José.

— Como vai, José? Lembra-se de mim? Sou o irmão de Helena e nos conhecemos lá em casa. E como está Mariana?

José não estende a mão, encarando Renato com o semblante fechado.

— Tião, aqui está o pagamento pelo refrigerante. Estou de saída.

José sobe em sua carroça de um só pulo. — Eia, eia, vamos alazão, eia, eia!

Em poucos minutos, José deixa a vila, dirigindo-se ao sítio. No seu coração, brota um sentimento de revolta. Revê Renato estendendo-lhe a mão, e ainda perguntando por Mariana! Que cinismo! "Acho que ele queria me afrontar", pensa naquele momento.

Lembra-se das palavras de sua mãe. Tenta com todas as suas forças fazer o que ela lhe pediu. Fala para si próprio: — Mariana não tem culpa de Renato ser um cafajeste!

E assim seus pensamentos vão de um extremo a outro! As palavras de Fernando ecoam na direção do ódio, as palavras de sua mãe o impulsionam na direção do amor e do perdão.

José para a carroça à beira do pequeno riacho para se refrescar um pouco e dar água ao cavalo. Mas, na verdade, o que ele queria era se preparar para chegar à casa.

Lavando o rosto, pedia a Deus que o libertasse daqueles pensamentos. Mas uma coisa ele não conseguia entender: por que o padre Benedito não o avisara que a alma dos mortos poderia fazer mal aos vivos. E, mais ainda, que poderiam aparecer daquela forma.

José sabia que o anjo da guarda, este, sim, poderia até aparecer para os vivos, porque é abençoado, assim como a mãe ou o pai — que tinham amor para proteger seu filho —, mas um desconhecido, e ainda querendo fazer o mal, por que Deus permitia?

Sentindo a gravidade desses pensamentos, sua mãe retorna. Serena, suave, terna, abraça o filho com seu amor maternal.

— *Filho, preste bem atenção em uma coisa. Eu já lhe disse que quando você nasceu, eu o deixei na Terra e retornei ao plano espiritual, em virtude de comprometimentos que eu mesma criei em existências passadas. Lembra-se? Sofri muito e, depois de algum tempo, com muito amparo e carinho que recebi é que fui aceitando aquele fato, pois até então me achava castigada e injustiçada por Deus. Mas só me libertei daquele sentimento quando consegui aceitar a soberana justiça do Pai. Fui aos poucos tomando conhecimento de existências em que também havia praticado aborto, em outras em que eu havia abandonado a bênção do lar em busca de aventuras. Enfim, somos imortais, meu filho, e somos aprendizes na seara de Jesus. E por esse motivo nossos erros vão aos poucos nos impulsionando para conquistar os acertos.*

"Fernando ainda está muito machucado. Precisamos ajudá-lo a superar este episódio e aceitar ajuda no sentido da reconciliação. E para isso, você precisa primeiramente limpar seu coração do ódio que já nasceu com relação a Renato.

Filho, Renato semeou, e ele próprio fará a colheita. Você não precisa se preocupar. Saiba que Mariana é uma pessoa correta e digna, e como eu lhe disse, a falha que cometeu foi coisa de adolescente e ficou no passado. Não permita que Fernando o coloque contra sua esposa."

José, sentindo-se melhor após esse encontro com a mãe querida, retorna ao lar.

Desatrela o cavalo, providenciando água e comida para "aquele amigão", como ele dizia.

O cheiro agradável que vinha da cozinha lhe fez muito bem. Percebe que Mariana preparou a comida que ele apreciava bastante: mandioca com carne, acompanhada de arroz caipira.

— José, que bom que chegou. Acabei de fazer o almoço.

Ambos sentam-se para fazer a refeição, e Mariana, tentando puxar conversa, começa a perguntar sobre a vila, como foram as vendas e outras questões.

José responde um tanto monossilábico, mas procura ser natural. Logo no início da conversa sua vontade era contar do desagradável encontro com Renato, mas se conteve.

Perguntando a Mariana como tinha sido sua manhã, muda o rumo da conversa.

— José, preparei vários queijos e, amanhã, logo pela manhã, precisarei levá-los para a vila. Já estão todos vendidos, é só entregar.

Naquele momento, José se preocupou. Mariana iria à vila? Sozinha? Não, definitivamente não!

— Mariana, amanhã podemos ir juntos, pois preciso comprar algumas ferramentas. Só não fiz isso hoje porque já estava um pouco cansado, mas amanhã aproveito a viagem e faço as compras.

— Que bom, José. Assim iremos de carro e você dirige, porque assim me sinto melhor.

Aquela tarde foi tranquila. José, ao se dirigir até o cafezal, verificou que este estava precisando de cuidados e se propôs a, no dia seguinte, quando retornasse da vila, dar um trato nos pés de café, que não eram muitos, mas o início de seu empreendimento.

Findo o dia, Mariana e José, tomando o cafezinho na varanda da casa, observavam o sítio — fruto do trabalho de ambos — e, sem perceber, cada qual deixava seu pensamento vagar por direções diferentes. José, lutando para manter-se tranquilo; Mariana, aguardando que José retomasse o assunto de sua confissão, pois sentia que isso ainda o amargurava.

Como em todas as noites, José pega o terço para juntos pedirem a proteção de Deus. Mariana o acompanha, e, naquela noite em especial, ambos se entregam com um imenso fervor àquela oração.

Durante o sono, Joaquim aguardava que Mariana, ao se afastar do corpo físico, o acompanhasse ao local onde Joana ainda se encontrava. Ela agora já demonstrava o desejo de aceitar a ajuda que estava sendo oferecida, pois finalmente começava a crer que, apesar de tudo, ainda era amada.

Fernando tentara se aproximar de Mariana, mas as orações e a presença de Joaquim impediram que ele conseguisse seu intento. Entretanto, a distância os acompanhava, pois não desejava que eles tivessem oportunidade de ajudar Joana a mudar seu quadro mental.

Joaquim, percebendo a presença de Fernando, nada diz a Mariana, mas eleva seu pensamento a Deus pedindo proteção para que ele não pudesse se aproximar de Joana, impedindo que ela fosse torturada novamente.

Fernando ainda tenta ligar-se mentalmente a Joana, levando-a ao desespero, mas Joaquim se aproxima, orando ao Pai, formando assim um campo energético positivo; segura as mãos da esposa e a auxilia a se levantar. Finalmente, ela consegue sair da inércia e, sentindo o carinho de Joaquim e da filha querida, deixa-se abraçar por aqueles dois tesouros que aparentemente ela havia perdido.

Foram momentos de intensa emoção: as lágrimas uniram aqueles espíritos. Cada qual lutava contra suas imperfeições, buscando a regeneração de sua alma, a reparação dos erros cometidos, de acordo com seu entendimento e possibilidades evolutivas.

Fernando permaneceu a distância, pois o campo energético que se formou não lhe permitia aproximar-se. Mesmo contrariado, observou que pai, mãe e filha acabaram se unindo para poder renovar seus caminhos. E a ele, por acaso alguém sentia vontade de ajudar?

O local onde se encontravam era povoado por espíritos atormentados por sentimentos mórbidos: vibravam ódio, vingança e remorso. A atmosfera fluídica resultante de tais pensamentos era bastante desagradável.

Naquele instante, fez-se um clarão intenso que iluminou a todos.

Uma figura feminina se fez visível a todos. De beleza suave, gestos delicados, sorriso meigo, olhar envolvente, ela se dirigiu com imenso carinho àquele pequeno grupo.

– *Meus filhos, que a paz de Jesus nos envolva neste momento tão importante! Aproxime-se, Fernando, não tema. Joaquim, Joana, Mariana, é momento de reconciliação! Não podemos mais protelar esta oportunidade sagrada do perdão incondicional. Somos crianças em aprendizado, e as lições da vida são nossas melhores conselheiras.*

As palavras de irmã Amélia ecoavam repletas de amor.

Naquele instante, Fernando, mesmo sentindo aquela energia intensa, lutava para não se deixar envolver. Tentava fugir daquele local, mas uma força maior o prendia junto ao grupo.

– *Senhora, não a conheço, mas sinto a grandeza do seu amor. Infelizmente não me sinto preparado para perdoar aquelas pessoas que me fizeram tanto mal. Esperei por várias décadas a oportunidade da reencarnação. Preparei-me, esforcei-me, e elas não tinham o direito de impedir tudo o que planejei com dedicação.*

Fernando não estava emitindo pensamentos de ódio naquele momento, mas, sim, de uma imensa mágoa. Irmã Amélia sentia que alguma coisa estava começando a se modificar nos sentimentos dele, talvez diante da atitude de Joaquim, que auxiliava a esposa mesmo sabendo das atitudes dela enquanto encarnada.

– *Meu amado irmão, sinto que você carrega ainda um sofrimento muito grande pela oportunidade que lhe foi negada. Mas sinto também que se aproxima o tempo da reconciliação. Cada um tem o seu tempo, e Deus Pai Todo-poderoso cuidará de você para que brevemente esta barreira de mágoas e ressentimentos possa ser dissolvida.*

Irmã Amélia agradece a Deus a bênção daquele momento e, acenando ao pequeno grupo, retira-se.

Capítulo 9

Mariana entrega as encomendas e acompanha José nas compras das ferramentas.

— Bom dia, sr. Acácio!

— Bom dia, José! Bom dia, Mariana! Há quanto tempo não nos vemos! Mas eu estava esperando vocês! Preciso transmitir um recado, que recebi há mais de 15 dias. Estava aguardando o momento em que nos encontraríamos, como me foi avisado.

— Recado, sr. Acácio? Recado de quem?

— De alguém que o ama muito, José!

— Vamos nos sentar aqui neste canto, pois o dia está bem quente e podemos tomar um refresco.

— Amigos, vocês sabem que há muitos anos venho estudando a Doutrina Espírita. Um pequeno grupo do qual faço parte decidiu buscar explicações que nos ajudassem a compreender muitas situações de sofrimento que atingem nossa vida.

"Começamos a estudar *O Evangelho segundo o Espiritismo*, no qual encontramos os ensinamentos de Jesus explanados à luz da

Doutrina dos Espíritos. Foi uma bênção em nossa vida. Quando nos sentimos preparados, começamos a estudar *O Livro dos Espíritos*. Nessa fase de estudos, foram se clareando muitas dúvidas a respeito da justiça divina e das provas que nos alcançam na Terra. Aquela curiosidade natural sobre nosso destino após a morte, sobre os locais aos quais seremos conduzidos de acordo com nossos atos, enfim, eram muitas as incertezas.

E, assim, aos poucos, fomos tomando conhecimento de verdades que nos libertaram de sofrimentos que até então nos pareciam castigo de Deus. E, depois de algum tempo, vivemos um dia muito especial para aquele grupo de pessoas que sentia uma vibração elevada, celestial, naqueles momentos de ligação com Jesus. Em uma determinada noite, a senhora Ernestina disse estar sentindo uma presença muito iluminada naquela sala. Todos nós estávamos em prece, e alguns de nós também registravam a presença de familiares e de amigos. Aquele foi um acontecimento memorável. Dona Ernestina, com os olhos fechados e com um tom de voz que não era o seu, começou a comentar uma passagem do Evangelho, que emocionou a todos. Falou da sobrevivência da alma e dos laços de amor que não se rompem com a morte do corpo. Afirmou também que a alma daqueles que deixam o corpo físico continua pensando, amando e sentindo, e que permanece com as mesmas virtudes e defeitos que demonstrara enquanto estavam aqui na Terra. Esclareceu-nos também que aqueles que partem levando ódio no coração são vítimas de seus próprios sentimentos negativos e precisam buscar a renovação para se libertar de estados de profundo sofrimento. E, por último, disse que tínhamos assumido compromissos com a caridade espiritual no sentido de levar ajuda a irmãos desencarnados que seriam trazidos para o diálogo fraterno, quando receberiam informações importantes para sua libertação. Sentimos que aquelas palavras eram de algum irmão muito esclarecido e muito querido por todos nós. Assim, continuamos estudando e estabelecemos um dia da semana para nos colocarmos à disposição do Mestre Jesus para dialogar com aqueles espíritos necessitados de amor, que os amigos espirituais encaminhavam àquela singela reunião."

— Sr. Acácio, suas palavras me trouxeram um sentimento que até agora eu não havia experimentado. Apenas me lembrei de que, no dia em que meu pai faleceu, tive a ventura de ver e ouvir as palavras de minha mãezinha adorada, e ela me disse que dentro de algum tempo eu seria levado a buscar o conhecimento a respeito das verdades sobre o princípio espiritual. Confesso que naquele momento nem dei muita importância para aquelas palavras, pois eu estava profundamente abalado com a morte de meu pai. E, agora, enquanto eu o ouvia, essa lembrança retornou à minha mente.

"Eu gostaria de poder ouvir mais sobre esse assunto, porque me tocou a alma, mas precisamos voltar ao sítio. Mas, e o recado? Qual seria?".

— Meu amigo, temos muito para conversar, e espero que você possa retornar. O recado veio exatamente daquela que o aguarda para poder auxiliá-lo a assumir os compromissos já trazidos do plano espiritual. Sua mãe Virgínia lhe pede que você se junte a este grupo de estudos e trabalho que lhe apresentei agora, pois é chegado o momento de abraçar a causa.

Mariana a tudo ouvira, atenta e interessada, mas não tinha entendido direito o porquê daquilo. Ficou pensando que tipo de auxílio José poderia oferecer a alguém e por que a mãe havia pedido ao sr. Acácio que lhe desse esse recado. Nesse instante, recorda-se dos "sonhos" que estavam acontecendo, em que conversava com seu pai e com sua mãe. O que o sr. Acácio comentou teria alguma semelhança com aquilo que ela estava vivendo?

Após as despedidas, José deixou bem claro que aquele convite já estava aceito e que no domingo seguinte pela manhã estaria presente para conhecer o grupo ao qual já havia se afeiçoado, após as palavras do sr. Acácio.

No retorno ao sítio, José sentia-se de certa forma emocionado. Significava que sua mãe estava participando de sua vida, preocupando-se com ele. Não eram apenas aqueles "sonhos" que estavam acontecendo, ela estava mais presente do que ele imaginava!

— Mariana, o que você achou de tudo aquilo que o sr. Acácio disse?

— Entendi pouca coisa, mas acho que ele quis dizer que conversam com os mortos, não foi?

— É, acho que é mais ou menos isso.

— E você, terá coragem de entrar nesse lugar onde devem aparecer muitos mortos?

— Mariana, acho que não é bem assim. Não deve ser nada assustador, e, pelo que o sr. Acácio explicou, não são todos que enxergam essas almas. Entendi que somente dona Ernestina tem esse dom. Mas estou curioso e, no domingo, faço questão de ir até lá. Você vai comigo?

— José, acho que não. Prefiro ir à missa. Depois, encontre-me na casa de minha madrinha.

— Confesso que estou ansioso para que chegue o domingo.

Aquela semana transcorreu serena, e os sonhos e pesadelos que já haviam se tornado comuns não aconteceram. José e Mariana, no sábado à noite, comentavam que algo havia acontecido de bom, depois que conversaram com o sr. Acácio. Teria sido coincidência?

No domingo, logo cedo, Mariana e José se dirigiram à vila para cumprir seus compromissos. Mariana ficou na igreja, pois pretendia assistir à missa, enquanto José foi ao encontro do grupo de estudos do qual o sr. Acácio fazia parte e que o honrara com o convite.

Nos fundos da casa do sr. Arnaldo havia uma sala ampla com algumas cadeiras e uma mesa onde alguns copos com água estavam cobertos com uma toalha alva de linho. José observou que sobre a mesa estavam colocados vários livros.

Em poucos instantes, chegam algumas senhoras que ele ainda não conhecia e às quais foi apresentado. Faziam parte do grupo oito senhores e cinco senhoras. José simpatizou com todos, pois sentia como se já os conhecesse.

O sr. Arnaldo convida algumas pessoas para se sentarem à mesa, enquanto outras se acomodavam na fileira de cadeiras dispostas ao redor. Em seguida, convida o amigo Acácio para que faça uma prece rogando a proteção divina para a reunião.

José se surpreende com a oração proferida, pois sente que as palavras vinham envoltas em uma profunda emoção. Observa que o grupo todo permanece de olhos fechados enquanto ora, e ele se apressa a fazer o mesmo.

Dona Ernestina abre *O Evangelho segundo o Espiritismo*, no Capítulo "Amai os inimigos". Lendo calmamente a mensagem, prepara o ambiente para os comentários da lição daquela manhã.

Após a leitura, o sr. Arnaldo faz uma explanação que deixa José pensativo.

"Como é que nunca parei para pensar na importância de se amar os inimigos? Parecia algo impossível, pois se é inimigo, como poderia amá-lo? Mas, da forma como foi explicado, fica fácil compreender que não há nada impossível quando se deseja encontrar a paz."

O ambiente está sereno e o sr. Arnaldo se coloca junto dos demais companheiros da mesa, rogando a Jesus que se ali houvesse algum irmãozinho necessitado de auxílio, que pudesse receber todo o amor daqueles médiuns que se colocavam à disposição dos benfeitores espirituais para prestar o auxílio fraterno.

José foi tomado de certa ansiedade. O que será que aconteceria naquele momento? Mas manteve-se firme, orando o Pai-nosso para sentir-se mais seguro.

Uma das médiuns começa a chorar e a pedir ajuda. José olha espantado para ela, momento em que o sr. Arnaldo já se aproxima e, com bondade e doçura, começa a conversar.*

— Meu irmão, seja bem-vindo! Na paz de Jesus o recebemos neste ambiente de amor, para ajudá-lo.

* Era comum, na época em que a história é ambientada, haver sessões públicas de desobsessão, prática que se encontra em desuso atualmente. (Nota da Autora)

José fica confuso. Que irmãozinho seria esse? Ele via à sua frente uma senhora, e o sr. Arnaldo a chamava de irmãozinho! Mas procurou prestar muita atenção, pois tudo aquilo era novo para ele. Observava que todos se mantinham de olhos fechados e em profundo silêncio, com exceção do sr. Arnaldo, que naquele instante falava calmamente que a morte só atinge o corpo físico e que a alma, sendo imortal, conserva todas as suas aquisições, e que naquele instante irmãos amorosos ali estavam para conduzi-lo a um hospital do plano espiritual, onde ele seria amparado por mãos amigas.

Muitas palavras de carinho foram ditas, até que o sr. Arnaldo pediu para que ele se deixasse conduzir, pois Jesus haveria de recebê-lo em seu reino de luz.

Em seguida, outro médium começa a pronunciar algumas palavras de revolta, e a senhora que está ao seu lado inicia um diálogo, à semelhança do anterior, que fora conduzido pelo sr. Arnaldo. Em poucos minutos, o tom de voz se ameniza e novamente é feito o convite para que os amigos espirituais possam acolher aquele irmão — como estava sendo chamado.

Naquele momento, há um profundo silêncio e o sr. Arnaldo pergunta à companheira se ela está bem. Em seguida, aproxima-se de dona Ernestina, que se mantém com os olhos fechados e expressão serena. Nesse instante, aquela bondosa senhora esboça um sorriso e, para surpresa de José, volta-se para ele.

— *Filho amado, com a permissão de Jesus, nos encontramos novamente! Deus seja louvado! A bondade do Pai o trouxe até aqui, para que você inicie um novo momento em sua vida. É chegada a hora de aparar antigas arestas, de renovar comportamentos, de buscar no Evangelho do*

Mestre os ensinamentos que haverão de lhe trazer paz e harmonia. O estudo, meu filho, será o primeiro passo para que você possa reencontrar tesouros perdidos ao longo dos tempos. Obrigada, amigos queridos, por acolher este filho amado, auxiliando-o na preparação para suas tarefas no campo da caridade e do amor. Que a paz de Jesus envolva a todos!

O sr. Acácio convida a todos para que se unam em oração, para os agradecimentos por mais uma manhã de luz, na qual a bondade do Cristo os abençoara.

Capítulo 10

José, ao se despedir dos amigos, estava imensamente feliz por sentir o abraço carinhoso da mãezinha e por ter uma certeza: estudaria com afinco aquela doutrina de amor, pois sentia que tinha algo de muito importante a fazer. Assim pensando, foi ao encontro de Mariana, que já o aguardava na casa de sua madrinha.

Mariana, ao vê-lo, se apressa a fazer várias perguntas:

— José, eu estava ansiosa para saber como foi seu encontro com os amigos do sr. Acácio. Você teve medo? Viu alguma coisa? Conte-me como são as coisas por lá.

José relata pouca coisa, pois imagina que Mariana não entenderia tudo aquilo que se passara, pois nem ele mesmo, que presenciara toda a reunião, conseguia entender como é que alguém de carne e osso podia falar aquilo que alguém que já tinha falecido desejava transmitir. Será que qualquer pessoa poderia fazer isso? Será que ele também poderia ser um porta-voz?

A conversa acabou tomando outro rumo e aquele assunto acabou sendo esquecido. Mais um pouco de bate-papo, e Mariana e José se despedem de dona Tereza, retornando ao sítio.

Ao chegar a casa, Mariana retorna as perguntas, e José diz a ela que gostou muito do que viu e que pretendia retornar no domingo seguinte para estudar com aquele grupo ao qual ele já se afeiçoara. Emocionado, relata à esposa as palavras que sua mãe lhe endereçou.

— José, como você pode ter certeza de que era sua mãe? Você viu? O que lhe garante que a pessoa que falou não colocou suas próprias palavras?

— Mariana, com que finalidade? A troco de que alguém perderia seu tempo com isso? E o que me tocou não foram apenas as palavras, mas um sentimento profundo que me emocionou muito. Eu não via minha mãe, mas sentia no fundo de meu coração que ela ali estava, porque me sentia abraçado por ela, e um amor imenso tomou conta de mim. Ainda não sei explicar como isso funciona, mas uma coisa eu sei, ali estavam almas em sofrimento e outras trazendo auxílio.

Por mais algum tempo a conversa ainda girou em torno desse assunto e o ambiente ficou saturado de boas energias. Aquela tarde foi amena e, juntos, Mariana e José foram tratar da criação, percorrer a horta e, por fim, admirar o pôr do sol.

Como de costume, antes de dormir, ambos se ajoelharam para rezar o terço e fazer a Deus os pedidos que já estavam habituados.

Fernando, que se mantivera a distância, aguardava que José, durante o sono, se desdobrasse espiritualmente para poder se aproximar. Mais alguns instantes, e ambos estavam frente a frente.

— *José, você não se encontrou novamente com Renato? Você sabe que ele resolveu ficar em definitivo aqui por estas bandas? Pois é, não volta mais para a capital. Você sabe qual o motivo? Pois eu sei, esse motivo tem um nome: Mariana!*

— Meu rapaz, por que tanto rancor? Estou sentindo uma paz imensa e gostaria muito de poder ajudá-lo. Não aceitarei sua proposta de ódio e vingança. Graças a Deus, minha mãe amada tem me ensinado a lutar contra o ressentimento. Faça o mesmo que você será feliz. Dissipe do seu coração esse ódio que nutre por Mariana. Ela hoje não seria capaz de nenhum ato de violência. E, quando tudo aconteceu, não tinha noção da maternidade.

— *Estou me preparando para poder ficar frente a frente com ela. Até agora não tive coragem para isso, mas agora sinto que chegou a hora. Passei um bom tempo procurando me vingar de Joana, que não me aceitou como neto. Eu a subjuguei até o momento em que meu avô Joaquim conseguiu ajudá-la, por amor, mesmo sendo ela um espírito maldoso.*

José, em desdobramento espiritual, e Fernando, espírito desencarnado, naquele instante recebem a visita de Virgínia. Dessa vez, Fernando decide que irá conversar com aquela mulher que transmite tanta paz.

— *Fernando, estou retornando da casa de dona Ditinha. A pobre mulher sofre horrivelmente com a presença daqueles dois jagunços que você colocou junto a ela. Meu filho, já é tempo de você perdoar! Ela já sofreu o suficiente, você não acha?*

"Ela já não fala coisa com coisa, já não tem família, e a pobreza extrema em que se encontra lhe traz um sofrimento imenso. Não queira fazer justiça com as próprias mãos, como se costuma dizer. As leis de Deus alcançam a todos, e essa nossa irmã será responsabilizada por seus atos. Não há necessidade de você permanecer cristalizado nesse ódio. Reflita, meu filho, siga adiante para ter chance de retornar à Terra."

– Sra. Virgínia, a senhora alguma vez sofreu o horror de ser abortada? Sentiu ser dilacerada sem nenhuma piedade? Pois eu senti tudo isso e não tenho como perdoar.

– Meu rapaz! Todo sofrimento dilacera nosso íntimo. Mas Jesus nos ensinou que somos capazes de a tudo perdoar, quando buscamos Seu divino amor.

"Você relatou que Joana foi aprisionada ao desencarnar, amargando um longo período de sofrimento. Dona Ditinha permanece presa ao corpo físico, mas sua mente está completamente deteriorada pelos constantes ataques promovidos por aqueles espíritos que você conseguiu aliciar para essa tarefa.

Você tenta de todas as formas induzir José a tomar atitudes de violência e vingança contra Renato e Mariana. E agora deseja se aproximar de Mariana com o objetivo de fazê-la cometer erros a fim de justificar os seus atos.

Meu caro, não perca a oportunidade de recomeçar! Eu gostaria de lhe fazer um convite: no próximo domingo, José retornará ao encontro de amigos, onde já ingressou, e sinto que Mariana vai acompanhá-lo. Vamos promover um encontro entre vocês, para que, com a permissão de Deus, possa haver uma aproximação."

Fernando é pego de surpresa. Fica pensativo, antes de responder. Mas, diante de tanta bondade que se reflete nas palavras de Virgínia, aceita o convite.

– Vou, sim, mas não posso lhe dizer que será um encontro amistoso. Tenho muito para dizer sobre a destruição de um sonho que eu acalentei por décadas.

– Continuarei orando a Jesus para que você cumpra o compromisso que assumimos agora.

❦ Naquela manhã, Helena acordou um tanto indisposta e não conseguia dar conta do serviço que já estava acumulado, pois havia trabalhado muito nos últimos dias como costureira — serviço que dava o sustento para ela e sua mãe.

Renato retornara havia poucos dias, mas resolvera que iria mesmo morar com a tia, na capital. Mesmo assim ali estava ele novamente. Como de costume, não colaborava financeiramente de nenhuma forma, pois nunca se preocupava com o bem-estar e o conforto da mãe e da irmã. Muito pelo contrário, ele passava uma temporada com a tia, outra temporada com a mãe, e assim não se fixava em nenhum emprego. Já estava em idade de ser mais responsável, mas dava mostras de ser uma pessoa que não se comprometia nem com o presente, nem com o futuro.

A manhã já findava, e Helena, que já havia tomado vários chás, arrastava-se pela casa. Chamava pelo irmão, mas em vão. Ele dormia a sono solto, e nada de acordar!

Rosa, mãe de Helena, via a dificuldade da filha e sofria por não poder colaborar, uma vez que já não tinha mais disposição, em virtude da fraqueza que sentia em todo o corpo.

— Filha, chame novamente seu irmão, pois não é possível uma pessoa adulta não colaborar em nada na casa onde vive.

— Renato, Renato, acorde, venha me ajudar a tratar de nossa mãe, que precisa tomar um pouco de sol. Por favor, saia dessa cama!

— Não me amole, Helena. Será que nem dormir se consegue nesta casa?

A pobre mãe, entristecida, reconhecia que o filho não tinha responsabilidade nem respeito por elas. "O que será que ele espera da vida?", pensou.

A velha casa onde residiam já havia muito tempo estava deteriorada, e elas não tinham nenhum recurso para cuidar do imóvel. E o filho não tinha nenhum interesse em cuidar daquele pequeno e único bem que possuíam.

A muito custo, Helena consegue preparar uma refeição leve, pois tanto ela como a mãe tinham problemas digestivos. Ambas se preparavam para almoçar, quando Renato surge na porta da cozinha, dirigindo-se ao fogão.

— Meu Deus, isto é comida que se apresente? Parece comida para pessoa doente! Como vocês conseguem?

Os olhos de Rosa e Helena ficaram marejados, pois as palavras de Renato as feriram profundamente. Mas nenhuma das duas respondeu. Limitaram-se a fazer a refeição, sem encarar aquele que sempre recebera amor, sem nunca retribuir de nenhuma forma.

Renato foi para a rua, sem nada dizer, e ficou vagando pela cidade, sem qualquer objetivo.

Fernando já havia alguns dias tinha se decidido a procurar Renato, pois até então se preocupara simplesmente com José, com Joana e, de certa forma, com Mariana também. Mas agora resolvera mudar o foco, afinal Renato fora responsável pela sua desdita, talvez mais que os outros. Ele foi o primeiro a rejeitar o filho e fez pior: jogou toda a responsabilidade sobre Mariana, sabendo que ela era ainda quase uma criança.

Renato senta-se em um banco da praça e deixa o pensamento vagar pela infância, pela juventude, até que vislumbra algumas cenas em que Mariana está presente. Era tudo o que Fernando esperava para poder iniciar um processo de cobrança.

Faz com que ele se lembre daquela manhã em que Mariana, aos prantos, comunicou a ele sua gravidez, pedindo ajuda.

Renato lembra que naquele mesmo dia pegou um ônibus e retornou para a casa da tia na capital, fugindo de qualquer responsabilidade, sequer sentindo remorso pelo que fizera. Fernando começa a agir espiritualmente, provocando sensações de mal-estar, tonturas, dores no estômago. Renato diz para si mesmo: — Acho que estou assim porque não me alimentei. Também, pudera, ter que comer aquilo que vi não desperta o apetite de ninguém.

Assim permanece mais um pouco naquela praça, mas o mal-estar vai aumentando. Suas mãos começam a suar e a tremer, e ele sente que vai desmaiar. Fernando está ali se deliciando com tudo aquilo. Vai apertando o cerco. A cabeça de Renato parece que vai explodir, e ele acaba se deitando no banco, chamando a atenção de quem passava.

Naquele momento, o bom sr. Acácio cruza a praça e vê que alguém está esticado naquele banco, naquela hora do dia, o sol relativamente quente. Aproxima-se e reconhece Renato, que havia crescido ali naquela pequena cidade.

— Meu rapaz! Renato! O que houve? Você não está se sentindo bem?

Ao dizer isso, Acácio sente um arrepio e um mal-estar repentino, e como já consegue identificar a presença de irmãos espirituais, eleva seu pensamento a Deus pedindo ajuda.

Atendendo às súplicas de Acácio, irmã Amélia vem em seu socorro. Envolve Renato em fluidos regeneradores, fazendo com que ele se sinta melhor.

Irmã Amélia estende os braços na direção de Fernando, que não consegue fugir daquela atmosfera que a bondosa senhora criou com sua presença. Ela o envolve com muito carinho e pede para que ele a acompanhe.

Fernando é conduzido pela bondosa mentora até a igreja matriz, e ali ela o convida para uma conversa fraterna.

— *Meu querido Fernando, você já foi orientado por tantos amigos que o amam muito, mas parece que nada o demove desse desejo de vingança. Até quando você permanecerá assim, meu filho?*

"Quando você se comprometeu com nossa querida Virgínia a comparecer ao encontro fraterno no próximo domingo, um primeiro passo foi dado para a retomada do caminho reto. Por que agora você resolveu se aproximar de Renato? Depois de tanto tempo?"

Fernando nada responde e cabisbaixo vai se retirando, quando irmã Amélia o retém ali, graças à sua autoridade moral, que lhe dava condições de criar um campo vibratório muito peculiar.

— *Não, Fernando, ainda não terminamos. Qual é realmente seu objetivo? Você pretende destruir a saúde de Renato? Você não conseguiu dominar a mente de José e agora se volta para outro objetivo? É isso?*

— *É isso mesmo. Tentei jogar José contra Renato, pois minha intenção era ver os dois se digladiando em público, para que depois Mariana sofresse as consequências. Lá na casa de dona Ditinha consegui semear o caos contando com a ajuda de dois amigos. Aquela velha bruxa tem visões horrorosas provocadas por outros que, como eu, também foram expulsos da vida pelas mãos dela. Mas nem precisará de muito, porque ela já foi completamente dominada. Ela já se debate nas lembranças e ainda na Terra paga pelos seus crimes. Quando chegar por aqui, nem imagina o que a espera!*

– *Meu jovem! Tudo isso só vai acarretar a você um prejuízo enorme! Todas as atitudes tomadas pelos filhos de Deus são construções mentais que permanecem no espaço e acabarão fatalmente atingindo os seus criadores. Você vem construindo um imenso campo minado para que, em algum momento, venha a ferir a você mesmo.*

No início, Fernando recebeu as palavras de irmã Amélia com desdém, mas aos poucos foi se entregando a elas, pois cada frase era impregnada de tanto amor que ele foi se desarmando. No entanto, resolveu fugir dali, pois não queria perder seus objetivos de vingança e sentia que, se ficasse mais um pouco, a luz daquela irmã enfraqueceria seus propósitos maléficos.

O sr. Acácio sente que Renato já está melhor e o acompanha no retorno à sua casa. Ali chegando, comenta com Helena que havia encontrado seu irmão deitado no banco, mas não entra em detalhes.

Renato, ainda assustado, senta-se enquanto Helena lhe traz um copo com água. Ela sentia um imenso amor pelo irmão, e mesmo tendo chorado havia pouco diante de seu comportamento, ali estava disposta a servi-lo.

Nas despedidas, o sr. Acácio recomenda que Renato se alimente e, em seguida, se retira.

— Helena, desculpe-me pelo que disse a você e a mamãe. Acho que errei com vocês.

— Renato, vou preparar um prato de comida para você, espere um pouco!

Zelosa, Helena faz o melhor que pode e, preocupada, acomoda o irmão na velha poltrona da sala e ainda lhe entrega o prato de comida.

Irmã Amélia vê aquela cena e agradece a Deus por ver que o amor fraterno é um atributo que Helena soube conquistar ao longo dos séculos. No relógio do tempo, revê uma época remota em que Helena havia recebido Renato como filho e falhara muito em sua missão de mãe. Certamente por esse motivo hoje ela se sente um pouco responsável por ele, embora seja mais nova que o irmão.

Capítulo 11

Renato, após se alimentar, agradece a irmã e se retira para o quarto, pois sente a cabeça pesada e o corpo dolorido. Pensa que deve estar doente e se atira na cama.

Fernando já o aguardava, pois acompanhara Renato durante seu trajeto de retorno ao lar. Mesmo tendo sido tocado pelo amor de irmã Amélia, ainda não conseguira manter por muito tempo nenhum pensamento saudável. Chegou a pensar em tentar mudar o teor de seus planos, mas isso foi apenas um ímpeto. De imediato, volta a seu estado de rancor e ressentimento.

Renato adormece rapidamente, e Fernando, ao vê-lo em desdobramento espiritual despreender-se do corpo físico, coloca-se à sua frente, pois pela primeira vez quer lhe dizer poucas e boas.

– *Olá, Renato! Podemos conversar?*

– Quem é você? Já nos conhecemos?

– *Sim, há séculos!*

– Acho que você está enganado. Não me lembro de tê-lo visto em lugar algum.

– *Refrescarei sua memória. Você teve uma namorada de nome Mariana?*

– Foi um namorico de juventude!

– *Mas parece que teve consequências sérias, não foi?*

– Depende do que você chama de consequências sérias!

– *Renato, não lhe causa nenhum remorso ter abandonado a namorada no momento em que ela mais precisava de você? E o filho que ela disse que estava esperando, você sabe o que foi feito dele? Em algum momento você se preocupou com isso?*

Renato se abala e rapidamente retorna ao corpo, acordando assustado, sentando-se na cama ofegante e confuso.

– Mas, o que está se passando comigo? Que pesadelo! Não consigo lembrar com clareza, mas recordo que havia um rapaz me cobrando alguma coisa do passado! Quem seria?

"Acho que vou precisar ir à missa para cuidar da alma. Isso deve ser falta de reza!"

Renato se levanta e resolve banhar-se para se reanimar.

Um pouco mais disposto, resolve ir em busca dos conselhos do padre, porque talvez alguma alma penada precisasse de reza, e por isso, ele apresentava este tipo de pesadelo.

Ao chegar à igreja é recebido com carinho pelo padre Benedito, que o conduz à sacristia.

Ali chegando, Renato relata ao bondoso padre o que havia acontecido na praça e também em sua casa. Não consegue ser muito objetivo, pois tudo está bastante confuso em sua cabeça.

– Meu filho, está faltando fé para você. E mais, não o vejo na igreja já há bastante tempo. Está na hora de você se interessar pelas coisas de Deus.

Renato ouve aquelas palavras sem dar muita importância, mas pede ao padre que reze por ele, prometendo que começará a frequentar as missas.

Depois de uma caminhada pelas ruas principais da cidade, Renato volta para casa.

Lá chegando, vê Helena costurando e, pela primeira vez, observa que a irmã está abatida. Porém, não se preocupa em lhe oferecer nenhum tipo de ajuda.

A mãe, acomodada a um canto da sala, chama o filho para uma conversa.

— Renato, veja sua irmã trabalhando na máquina de costura, observe a cozinha toda arrumada, a casa em ordem e ela se desdobrando para poder colocar comida na nossa mesa. Quando é que você vai cooperar com o sustento da casa? Suas idas e vindas para a capital nada trouxeram de produtivo para sua vida. O que você produziu até agora? Os anos se passaram, você foi estudar e até hoje não sabemos para que serviu seu estudo.

"Meu filho, tenho por você um amor imenso, mas não posso mais fechar os olhos para seu comodismo. Sua irmã está definhando a olhos vistos e não posso mais me calar. Peço que saia agora mesmo à procura de um trabalho e só retorne com alguma boa notícia."

Renato é pego de surpresa, pois sua mãe nunca havia lhe falado com tamanha dureza. Não consegue responder nada e sai batendo a porta da casa.

Já na rua, olha para sua casa toda deteriorada e pela primeira vez observa que no passado, quando ainda era uma criança, jamais tinha visto cena tão deprimente.

Sem muita disposição, mas sentindo que sua mãe estava falando com muita autoridade, começa a procurar no comércio local alguma ocupação que pudesse desempenhar, uma vez que não se achava preparado para buscar nenhuma colocação mais especializada.

Dirige-se à farmácia, à padaria, à sorveteria, à loja de tecidos, ao posto de gasolina, e nada consegue. Começa a pensar como fazer para encontrar trabalho. Na verdade, não tinha aptidão para nada, começa a pensar com desânimo.

Já quase desanimando vê a loja de ferramentas do sr. Acácio. Num impulso se dirige para lá.

— Sr. Acácio, estou procurando um emprego. Já busquei em vários lugares, mas ninguém tem vaga. Será que o senhor estaria precisando de alguém para trabalhar em sua loja?

— Renato, você sabe que a loja não é grande, e só tenho um ajudante. Ainda ontem ele me disse que talvez vá embora da cidade, pois os pais são da lavoura e estão precisando da ajuda dele. Hoje ele foi até o sítio dos pais e não veio trabalhar, e amanhã retornará me dando notícias do que ficou resolvido. Volte amanhã.

Renato saiu dali esperançoso. Já se sentia mais seguro em voltar para casa e poder dizer à sua mãe que tinha uma esperança de emprego. Pela primeira vez na vida, começava a se observar e não teve boa impressão de si mesmo.

"Será que tenho pesadelos porque não sou um bom filho, nem um bom irmão?"

Pelo resto do dia ele ficou pensativo e sentia certa cobrança dentro de si, cujas razões não sabia explicar.

Chegada a noite, durante o sono, ele novamente se vê diante daquele mesmo rapaz que o interpelara na noite anterior. Mas dessa vez é ele quem procura conversa.

— Você é aquela pessoa que me fez alguns questionamentos, não é mesmo?

— *Sim, sou eu mesmo. Lembra-se de mim, com certeza. Sabe quem sou eu?*

— Não. Não o conheço.

— *Conhece sim. Mas vou ajudá-lo a se lembrar. Eu lhe perguntei sobre o filho que você mandou matar, quando Mariana lhe comunicou a gravidez. E o que você me respondeu?*

— Não mandei matar ninguém! Sei que naquele comecinho de gravidez não teria problema em se tirar a criança! Todo mundo sabe disso! Só depois de algumas semanas é que não se pode mais fazer isso. No comecinho não há problema algum!

— *Que bela justificativa para um crime! Parabéns! Com isso sua consciência fica tranquila? Pois saiba que essa desculpa é para quem quer enganar a si próprio!*

"Aqueles que querem se livrar do compromisso encontram um caminho para tentar justificar o ato criminoso! E assim acham que estão em paz consigo!

Saiba você que no momento da concepção já existe um espírito designado para aquele corpinho que começa a se formar. É apenas uma minúscula semente representada pela primeira célula de vida que já começa a existir. Mas é o início do milagre da vida!"

— Não ficarei mais por aqui. Até nunca mais!

— *Você não vai se livrar de mim, fique certo disso!*

Novamente, Renato desperta aflito. A sensação era de que retornava de um lugar onde uma cobrança pesada lhe era feita.

Levanta-se, vai beber água, anda um pouco pela casa, em silêncio, para não despertar a mãe nem a irmã.

Depois de se revirar na cama, acaba adormecendo e acorda com o corpo inteiro dolorido.

Logo mais Helena o chama para o café da manhã. A mãe o lembra de que precisa ir procurar o sr. Acácio para saber das notícias que aguardavam.

Capítulo 12

Renato se dirige à loja de ferramentas do sr. Acácio, conforme o combinado.

— Bom dia, sr. Acácio. Aqui estou para saber se o seu ajudante já se decidiu. Ele continuará no trabalho aqui na sua loja?

— Olha, Renato, você está com sorte. Ontem, já quase na hora de fechar a loja, ele esteve aqui para acertar as contas, pois resolveu ficar junto dos pais, que não estão bem de saúde. Esse rapaz é um excelente filho. Queria ficar na cidade para estudar à noite, mas vendo que seu pai precisa dele neste momento, resolveu deixar seus sonhos para mais adiante e por amor à família ele retorna à vida difícil da lavoura. Com certeza, esse moço vencerá na vida, pois tem a principal condição: é grato pela família, pela bênção do lar e não pensou duas vezes ao ver a situação dos pais.

As palavras do sr. Acácio caíam como pedras pontiagudas no espírito de Renato, que se sentia atingido frontalmente por aquelas palavras. Parecia que o sr. Acácio queria mostrar a Renato o quanto ele era ingrato com sua família, diante do exemplo que lhe era trazido.

— Bem, Renato, se você quiser fazer uma experiência, o emprego é seu. Vou lhe ensinar o básico e dependerá de você, de seu interesse, de sua pontualidade, continuar aqui na loja ou não. Pode começar hoje mesmo, pois chegaram da capital algumas ferramentas que precisam ser catalogadas e acomodadas no estoque.

— Obrigado, sr. Acácio, quero começar agora mesmo. Vou me esforçar para corresponder às suas expectativas. Só lhe peço um pouco de paciência, pois para mim tudo isso é novidade. Suas palavras a respeito do ex-funcionário me tocaram no fundo da alma.

O sr. Acácio, homem experiente, dotado de uma enorme sensibilidade, sentia que energias não muito agradáveis envolviam Renato. Desde aquele dia em que o vira na praça e sentira a presença de um espírito que o envolvia com fluidos perturbadores, percebera que precisava ajudar aquele moço que ainda não tinha se encontrado na vida.

Chegada a hora do almoço, Renato já havia catalogado todas as ferramentas. Foi para casa, que era próximo da loja e, pela primeira vez na vida, teve uma sensação nunca antes experimentada. Ao olhar para sua mãe doente, uma ponta de remorso surge em seu coração.

Como toda mãe, Rosa se emociona quando o filho lhe diz que conseguiu o trabalho. Aquele seria o almoço mais feliz de sua vida.

Helena, que tinha pelo irmão um amor imenso, abraça-o comovida e diz que está muito feliz com esse novo momento da vida deles. Antes de iniciarem a refeição, ela convida a todos para uma oração em agradecimento pelas bênçãos de Deus.

Renato não era religioso. Achava que não era preciso tanta reza. Mas, como era um momento especial, resolveu nada comentar e acompanhou a oração de agradecimento feita pela irmã.

O ambiente na loja do sr. Acácio era agradável. Por ser uma pessoa tranquila, transmitia a todos uma gostosa sensação de paz. Renato sente-se muito bem ali e feliz junto ao novo amigo.

A semana transcorreu serena, e, para a felicidade de Renato, ele não teve mais aquilo que chamava de pesadelo.

❦ Chegado o domingo, José chega ao local da reunião espiritual, compromisso que ele já assumira com muita convicção. E, dessa vez, Mariana o acompanhava.

Feitas a preparação e a prece, energias salutares preenchiam o ambiente espiritual.

A exposição do Evangelho, feita pelo sr. Arnaldo, e suas explicações sobre as dificuldades da vida material motivaram profundas reflexões. Em seguida, iniciou-se o atendimento aos espíritos sofredores.

Alguns irmãos desencarnados receberam a luz do esclarecimento, e pouco antes do encerramento, dona Ernestina diz que o Espírito irmã Amélia estava acompanhando um rapaz que havia se comprometido a comparecer àquele encontro para estar frente a frente com velhos conhecidos.

Naquele momento, Mariana sente um arrepio intenso e seu coração fica aos saltos.

Dona Ernestina, na condição de médium, concentra-se e fecha os olhos. Sentindo a presença de uma entidade, o sr. Arnaldo pede a todos que se mantenham em oração, envolvendo em amor e carinho aquele que se preparava para comunicar-se mediunicamente.

— *Conforme prometi, aqui estou. Este encontro demorou quase quinze anos para acontecer! Já não era sem tempo! Vivo um sofrimento muito grande desde aquela manhã em que meu sonho em retornar à vida na Terra foi interrompido por pessoas desprovidas de sentimento. Por que fui tratado daquela forma? Por que fui expulso como um cão sarnento? Por que aquela violência contra um ser indefeso?*

"Estes anos de revolta me fizeram amargar um ódio que me dilacera a alma. Hoje aquela 'fazedora de anjos' está pagando pelos seus crimes. E por um certo tempo, aquela que deveria ter sido avó dedicada também sofreu com minha vingança.

Mas agora quero dizer àquela que deveria ter me desejado como filho amado e que me rejeitou que, se depender de mim, nenhum espírito irá se aproximar dela para ser recebido como filho. Haverei de formar uma barreira para que ela sofra a mesma dor que senti ao ver meu sonho frustrado."

— Meu irmão, nós o ouvimos com amor e com carinho, e agora lhe peço, em nome de Jesus, que você me ouça também. Estamos em uma casa de oração, onde nossa disposição em ajudar é o grande motivo de nosso encontro — falava, pausadamente, o sr. Arnaldo.

"Meu caro amigo, tudo o que se passa entre o céu e a Terra está sob os olhos do Criador. Nada fica sem resposta e, se você foi prejudicado de alguma forma, pode ter certeza de que isso só aconteceu porque você também teria algo para reajustar com a lei divina.

Não temos dúvida de que o erro gravíssimo cometido por nossas irmãs está registrado em seus arquivos mentais e serão ressarcidos, com toda certeza. Na justiça divina não há privilégios, e todos aqueles que semearem dor e sofrimento haverão de colher da mesma forma. Você não deve manchar suas mãos, como foi feito com você. Saiba que Deus traça os caminhos de redenção para todos os seus filhos que ferem as leis de amor."

— Tudo o que você me diz faz sentido, mas lhe pergunto: como serei ressarcido de todo o sofrimento? Sinto-me sozinho, desamparado, perdido, sem expectativas, sem sonhos! As mágoas e o ressentimento não me deram paz um só instante!

— Meu irmão, é por esse motivo que você está aqui! Para encontrar essa paz, para encontrar um novo caminho. Confie no Pai Criador! Confie em Jesus!

— Lamento não poder aceitar ainda o que você está me dizendo. É mais forte do que eu. Não dá para perdoar pessoas que sem nenhum amor resolvem interromper um sonho maravilhoso. Tenho estado junto daquele que seria o meu pai e, se o seu orgulho e maldade não tivessem falado mais alto, ao lado da sua grande irresponsabilidade, hoje eu estaria entre vocês, buscando realizar tudo aquilo que estava planejado para minha reencarnação.

— Meu caro irmão, vamos orar para que você possa ser tocado por todo o amor que Jesus lhe oferta e pelo nosso amor também. Peço a você que procure perdoar para ser feliz. Agora, peço-lhe que acompanhe estes amigos que aí estão, e se eu puder lhe fazer um pedido, gostaria muito de lhe rogar que você converse um pouco mais com eles, pois com toda certeza eles terão muito a lhe falar e uma grande amizade a lhe oferecer.

Nesse momento, o Espírito Fernando deixa aquele local e aceita a companhia de dois jovens trabalhadores daquele grupo de orações, mas nada promete. Eles gentilmente convidam Fernando a buscar um recanto suave onde poderiam juntos rememorar acontecimentos do passado que certamente auxiliariam no entendimento de todo aquele sofrimento que o machucou tanto.

Irmã Amélia e Virgínia a tudo acompanhavam, em silêncio, pois aquela reunião transcorria dentro do planejamento que objetivava o esclarecimento a Fernando. Mas isso demoraria ainda certo tempo. Elas confiavam no imenso amor dos tarefeiros do grupo de estudos e sabiam que dentro de pouco tempo a barreira de ódio seria demolida.

Capítulo 13

Mariana já havia se programado para visitar a madrinha, que não estava bem de saúde, e José resolve acompanhá-la. A velha senhora sempre foi muito sensível e desde muito jovem benzia as crianças e as pessoas que a procuravam em busca de socorro, quando não conseguiam resolver seus problemas de saúde com os medicamentos que lhe eram indicados.

— Dona Tereza, como vai a senhora? — diz José, já estendendo os braços para abraçar aquela senhora que ele respeitava muito.

— Ah! Meu filho, como Deus quer! Lutando contra o reumatismo, as câimbras — diz sorrindo.

— Madrinha, viemos ver como a senhora está e saber se tem recebido notícias de Elisa.

— Não recebi mais nenhuma carta, e você, também não recebeu notícias?

— Estou preocupada porque da última vez que ela escreveu dizia-se confusa. Já não sentia mais tanto entusiasmo pela vida no convento. Estava refletindo muito sobre isso.

— Mariana, você e José não poderiam ir até Santa Bárbara para tentar falar com ela? Tenho sonhado com ela nessas últimas noites e a vejo um pouco triste em sonho.

José, que a tudo ouvia, pensa que de fato ele poderia ajudar. Afinal, a cidade de Santa Bárbara não era tão longe. Eles poderiam sair bem cedinho e retornar à noite.

— Mariana podemos ir na próxima terça-feira, o que você acha? Podemos até levar dona Tereza conosco, que tal?

— Não, meu filho, obrigada. Não me sinto com coragem para pegar uma estrada!

— Então está resolvido — diz José. Na próxima terça-feira vamos em busca de notícias de Elisa.

— Louvado seja Deus! Como foi bom vocês terem vindo aqui nesta manhã! Quero pedir que vocês fiquem para o almoço. Faz tanto tempo que não tenho companhia na hora da refeição!

Mariana se apressa em ajudar a madrinha a preparar o almoço, enquanto José vai dar uma volta para rever alguns amigos.

— Minha querida, agora que José saiu, me diga. Vocês estão bem? Aquele assunto difícil já foi totalmente resolvido? José aceitou toda a situação?

— Madrinha, ele nunca mais tocou no assunto. Agora decidiu estudar esse tal de Espiritismo e acho que está sendo muito bom para ele. Confesso que até eu estou pensando nisso. Ao mesmo tempo que tenho um pouco de medo, sinto vontade de saber mais.

"Hoje aconteceu uma coisa muito interessante lá naquela reunião que eles fazem e para a qual o sr. Acácio me convidou a participar. Como eu ainda não entendo nada, não dá para falar muito. Mas houve um momento em que me arrepiei toda e aconteceu uma conversa que me espantou.

Eu me impressionava com as palavras que eram ditas, mas fiquei o tempo todo esperando que fosse falado algum nome, porque era um espírito que fora abortado.

Eu me perguntava se seria possível ele estar falando de mim, mas fiquei calada, porque ali ninguém sabe de minha vida particular, e ele não se identificou. Como não foi dito de quem se tratava, nada perguntei. José também nada disse, muito menos o sr. Acácio. Mas, uma coisa é certa, fiquei impressionada. Espero que nas próximas semanas seja dita alguma coisa que me tire essa dúvida."

— Minha querida, eu não estava lá, mas sinto aqui no meu coração que o que você ouviu foi dito por aquele que deveria ter sido o seu filho.

— Mas, por que ele não foi claro? Só falou do seu ódio, do seu sofrimento. Não se dirigiu a mim.

— Eu gostaria muito de poder acompanhá-la. Será que poderia?

— Não sei lhe dizer. Mas podemos perguntar para o sr. Acácio, afinal foi ele quem convidou José e me aceitou também.

José retorna com um semblante feliz, pois havia se encontrado com amigos, o que lhe fizera muito bem. Ele estava mais leve desde o dia em que havia começado a estudar esta filosofia que o estava fazendo entender muitas coisas ocorridas em sua vida.

— Vamos nos sentar para o almoço? — Tereza faz o convite, cheia de alegria ao olhar para a afilhada, a quem devotava grande amor.

À mesa, os assuntos foram variados, até que se encaminharam para o novo caminho religioso que José estava trilhando. Ele se entusiasmava quando falava do que já havia aprendido.

— Dona Tereza, acho que a senhora deveria conhecer o Espiritismo. Ele ensina coisas maravilhosas. Confesso que a cada dia me surpreendo mais em ver quantas respostas encontrei nos livros de Allan Kardec. No começo achei que não conseguiria entender, mas agora, com a ajuda do sr. Acácio, venho clareando minhas ideias a respeito dos infortúnios da vida. — Com essas palavras, José resumia todo o seu estado de alma.

— José, há pouco Mariana me falava da reunião de que vocês participaram. Fiquei com muita vontade de conhecer esse grupo. Será que eu poderia? Você falaria com sr. Acácio?

— Falo, sim, hoje mesmo, pois creio que a senhora já tem a religiosidade em seu coração e vai gostar muito dos ensinamentos que são trazidos pelos espíritos e pelas palavras do sr. Arnaldo e de dona Ernestina, que sempre ensinam coisas muito importantes.

Aquele domingo foi muito agradável. No meio da tarde, Mariana e José se despedem de Tereza, após terem passado horas de grande alegria em companhia da idosa senhora.

Capítulo 14

Naquela segunda-feira, Renato, ao acordar, sente um leve desânimo e fica tentado a permanecer na cama um pouco mais. Não sabe explicar, mas não tem vontade de se levantar.

Helena, que já estava em pé, preparava o café e, não ouvindo barulho vindo do quarto do irmão, vai chamá-lo. Ao vê-lo ainda deitado, abre a janela num impulso, pois conhecendo o irmão imagina que ele já estaria desanimado diante do compromisso assumido.

— Renato, vamos! É dia! Apresse-se, pois o emprego não ficará esperando-o!

Renato meio a contragosto se levanta, dirigindo-se ao banheiro, sem ao menos dizer bom dia.

Toma o café apressado e se dirige à loja de ferramentas do sr. Acácio.

— Bom dia, Renato! Como passou o domingo? — vai logo perguntando o patrão, pois era hábito receber a todos sempre com palavras amigas.

Renato responde monossilábico. Não percebera, mas não estava sozinho. Com ele havia alguém que o acompanhava desde o dia anterior.

A sensibilidade mediúnica do sr. Acácio era muito intensa. Tão logo avistara Renato, notou que ele não estava só. Sentiu que era aquele mesmo espírito que estava ao seu lado naquele dia em que ele passou mal no banco da praça e que era também o mesmo espírito que no domingo estivera entre eles na reunião espírita. Naquele momento, eleva seu pensamento a Jesus, rogando por aquele irmão de semblante tão endurecido, envolvendo Renato em verdadeiro carinho de pai.

— Renato, meu filho, nós aqui na loja temos um hábito diário. Não iniciamos o trabalho sem antes orarmos a Jesus pedindo proteção para o nosso dia. Você gostaria de participar?

Renato titubeia, mas, sentindo-se constrangido, aceita o convite.

Sr. Acácio faz uma singela prece e, ao finalizar, sente que uma brisa suave envolve o ambiente. Ele agradece em pensamento à irmã Amélia, pois a vê abraçando aquele espírito ao qual já estava se afeiçoando, e o convida a segui-la.

Renato não sabe explicar, mas sente que um peso saíra de suas costas. Sente-se mais animado e até seu olhar está mais sereno. De imediato, busca o sr. Acácio para saber quais são as ordens do dia.

Daquele momento em diante, o serviço se torna mais agradável, e Renato, sem entender o que havia se passado, procura ser útil e mostra seu interesse em conhecer todas as suas obrigações.

O sr. Acácio já não tem mais nenhuma dúvida de que precisa ajudar Renato. A ligação que existia entre ele e aquele espírito que o estava influenciando devia ser muito forte. No momento certo, convidaria Renato a conhecer seu grupo de estudo, para buscar ajuda e esclarecimento.

Conforme haviam combinado, na terça-feira logo cedinho, José e Mariana se dirigem ao convento na cidade de Santa Bárbara, onde Elisa estava já havia vários anos, completando os estudos e se dedicando ao caminho que escolhera, desde a morte de sua mãe.

Foram três horas de viagem até alcançarem seu destino. José e Mariana estavam vivendo um clima de paz, embora Fernando ainda tentasse influenciar José, mas agora sem sucesso.

Atendidos na porta por uma noviça, pediram permissão para entrar e visitar Elisa. Após alguns instantes, receberam autorização para adentrar o convento e aguardar em uma pequena sala isolada.

— Mariana, querida irmã! Quantas saudades! — com essas palavras, Elisa os recebe feliz, abraçando a irmã e o cunhado.

Mariana, segurando as mãos de Elisa, emocionada, disse:

— Eu estava aflita em poder visitá-la. Desde que recebi sua última carta, tenho pensado muito em tudo o que você escreveu. Distanciamo-nos desde que você veio para cá, após a morte de nossa mãe, mas você está sempre em meu coração.

— Minha irmã — diz Elisa—, já não sinto mais que este seja o meu caminho. Amo a Jesus de todo o meu coração, mas sinto que poderei servi-Lo mesmo fora daqui. O mundo lá fora deve ter espaço para seguirmos os ensinamentos do Mestre e também construirmos uma família e vivenciarmos as dificuldades normais que estão presentes na vida de todos. Será que serei condenada por pensar assim?

— Elisa, querida cunhada, peço licença para dar minha opinião — diz José de maneira delicada.

— Estou conhecendo um novo caminho religioso que está me dando uma nova visão desta vida. Creio que se algum tempo atrás alguém tivesse me dito o que estou estudando agora, eu não aceitaria, mas alguma coisa dentro de mim foi amadurecendo e hoje me sinto em paz.

— E posso saber que caminho é esse?

— É a Doutrina Espírita, você já ouviu falar? São ensinamentos relativamente novos, mas que já ganharam o mundo!

— Sim, aqui no convento esse assunto é proibido, mas como tudo o que é proibido é atraente, há algumas irmãs que falam sobre isso. Confesso que não tenho conhecimento, mas ouvi dizer que quando os mortos precisam mandar recados aos vivos eles conseguem tomar conta da mente de alguém e falam pela boca daquela pessoa. É isso mesmo?

— Não, Elisa, não é bem assim. É algo muito profundo. É ciência-filosofia-religião! Mas também mostra que os mortos ou os desencarnados, para ser mais verdadeiro, realmente podem se comunicar conosco, por um método muito simples e racional.

— Elisa, você já conversou com a irmã superiora a respeito do que você está sentindo?

— Mariana, já tentei por algumas vezes, mas quando começo a falar, ela acaba levando o assunto para outro lado e, por fim, acabo não sendo clara. Sei que ela faz isso para me dar tempo para pensar, pois é uma pessoa amorosa e fraterna. Mas agora estou decidida, pois se aproxima o momento de fazer meus votos definitivos, e não quero chegar a isso. Mas, ao mesmo tempo que quero voltar para o mundo, me preocupo em pensar em como será minha vida. Você já tem sua casa, e não quero lhe trazer nenhum problema.

— Elisa, pelo amor de Deus! Como você poderia pensar que você me traria problemas? Somos irmãs, e eu jamais deixaria você viver sozinha. E tem mais, você se esqueceu de minha madrinha Tereza? Ela gosta muito de você, e foi ela que nos pediu para vir aqui rapidamente, pois tem sonhado com você e está preocupada. Tenho certeza que fará questão que você viva com ela. Afinal, ela mora sozinha naquela casa. Minha querida, lugar para você morar é que não vai faltar.

— Pois bem, agora que conto com a aprovação de vocês quanto à minha decisão, então não há nada a temer. Solicitarei agora mesmo à irmã superiora que me receba e falarei com ela com toda a objetividade e pedirei que ela me libere do compromisso parcial que eu havia assumido. Digo parcial, pois ainda não fiz os meus votos, sendo, portanto, mais fácil o meu desligamento.

As duas irmãs se abraçam e choram, e entendem que ali começa uma nova fase na vida delas.

Elisa é recebida pela sua superiora e, após uma longa conversa, recebe dela a permissão para passar alguns dias na casa da irmã, antes de seu desligamento oficial. Ela ainda não estava certa de que Elisa havia tomado a decisão correta e, por esse motivo, faz a proposta. Queria lhe dar a oportunidade de poder sentir novamente o mundo exterior e decidir com bastante convicção qual seria o melhor caminho para sua vida.

No meio da tarde, José, Mariana e Elisa retornam à sua cidade, colocando os vários assuntos em dia durante aquela viagem que fora muito agradável a todos.

Capítulo 15

Dona Tereza foi tomada de imensa alegria ao abrir a porta e ver ali aquelas três pessoas das quais gostava tanto. Mas o que mais a tocou foi ver Elisa. Ela ainda estava vestida com as roupas do convento, pois, conforme a irmã superiora havia sugerido, ela estava gozando de uma espécie de licença, para poder definir seu futuro.

Foram mais de duas horas de animada conversa, até que Mariana e José se decidem por retornar à sua casa.

— Elisa, você vai conosco? Quer passar os primeiros dias lá no sítio?

— De jeito nenhum — apressa-se dona Tereza. — Faço questão absoluta que ela fique aqui. Não esqueçam que tenho aquele quarto de hóspedes aguardando há tempos que alguém o habite.

Elisa sequer tem tempo de responder. Fica feliz em ver a espontaneidade de dona Tereza, o carinho com que ela a recebera.

— Irmã querida, se você não se importar, fico então aqui, pelo menos até o fim da semana. Se vocês quiserem retornar no domingo, aí eu gostaria de ir com vocês para passar pelo menos três ou quatro dias juntos. Vou aproveitar para rever algumas amigas e também para orar junto ao túmulo de nossos pais.

As despedidas foram amorosas. Aqueles quatro espíritos que nutriam um sentimento sincero uns pelos outros estavam envoltos em muita paz.

❦ — Elisa, vamos até o seu quarto, você deve estar cansada da viagem. Amanhã conversaremos sobre seu futuro, pois, pelo que senti, você não se sente preparada para uma vida de clausura.

— É verdade, dona Tereza, sinto muita falta da família, da vida em sociedade, e no fundo de meu coração percebi que meu isolamento depois da morte de mamãe foi uma espécie de fuga.

❦ — José, eu gostaria de lhe fazer uma pergunta: Naquela reunião espiritual, quando aquele espírito falava sobre sua revolta com relação ao aborto sofrido, você sentiu que ele se dirigia a alguém ali do grupo?

— Por que a pergunta, Mariana?

— Porque me arrepiei toda quando ele começou a falar. Lembrei-me de que fiz um aborto na adolescência e esperava que ele se identificasse ou que falasse mais claramente. Como isso não aconteceu, entendi que não tinha nada a ver comigo.

— Mariana, já que você perguntou, responderei com toda a sinceridade. Na minha opinião, aquele espírito tinha, sim, muito a ver com você. Ele estava se referindo exatamente ao aborto que sofreu, mas foi contido pelos dirigentes espirituais da reunião, pois eles são caridosos e sabiam que você estava ali pela primeira vez. E tem mais: eu ainda não havia comentado com você, mas aquele irmãozinho e eu já nos conhecemos. Há algum tempo, ele esteve ao meu lado, influenciando-me de maneira a me voltar contra você e contra Renato. Confesso que por pouco não fui convencido por ele a agredir Renato, isso por mais de uma vez. Só consegui me libertar daquela influência porque minha mãezinha me ajudou e me fortaleceu.

— José, será que se eu voltar ali poderia falar com ele? Eu mesma queria conversar, explicar a ele por que as coisas aconteceram daquela forma.

— Mariana, isso não posso lhe afirmar. Como você sabe, sou recém-chegado e estou aprendendo muito. Mas já entendi que cada vez que algum irmão necessitado é atendido, tudo obedece a uma ordem superior. Mas podemos conversar com o sr. Acácio, com certeza ele poderá esclarecer as nossas dúvidas. E já que você quer saber mais, podemos começar a estudar *O Evangelho segundo o Espiritismo* juntos, aqui em casa. Você quer?

— Quero, sim. Fiquei curiosa e, ao mesmo tempo, temerosa. Hoje sou mais madura e reconheço que todas erramos: mamãe, eu, dona Ditinha, enfim, cada uma de nós teve sua parcela de culpa.

Naquela mesma noite José e Mariana iniciam o estudo de *O Evangelho segundo o Espiritismo* e também de *O Livro dos Espíritos*. Virgínia acompanhou aquele início de aprendizado, que traria ao casal conhecimento e preparo para enfrentar as provas futuras.

Na casa de dona Tereza, as orações também eram dirigidas a Jesus, pois Elisa sentia que o Mestre estava junto dela, apontando o novo caminho.

No dia seguinte, Elisa resolve, antes de tudo, ir ao cemitério, pois queria levar flores ao túmulo dos pais, acender algumas velas e rezar pela alma deles — conforme lhe apontava sua fé. Dona Tereza a autoriza a colher algumas margaridas, pois sabia que Joana tinha predileção por elas e gostaria também de homenagear a amiga e comadre.

Elisa caminhava pensativa e, atravessando a praça central, cruzou com um rapaz que a olhou fixamente, o qual não reconheceu. Mas, ao mesmo tempo, teve a sensação de que já o vira antes.

O rapaz também a observou com a mesma impressão de conhecê-la. Ele a cumprimenta, mas, pelas suas roupas, entende que confundira aquela moça com alguma outra pessoa.

Dessa forma, cada um segue seu caminho. Elisa, ao chegar ao cemitério, entre lágrimas eleva suas orações a Deus pelos pais queridos, que tanta falta fazem em sua vida.

No retorno, Elisa observa cada criança que vê brincando, cada idoso sentado no belo jardim, cada mãe que conduz seu filho e pensa o quanto a vida é bela, e como ela, alheia a tudo isso, perdeu alguns anos de sua vida.

"Decididamente, quero voltar a este mundo!"

Ao chegar a casa, dona Tereza já a aguardava para irem juntas à igreja, pois ela fazia questão que Elisa fosse conversar com padre Benedito — este um verdadeiro missionário, que poderia ajudá-la na tomada de decisão.

— Dona Tereza, já estou decidida! É isso mesmo que quero! Não preciso ouvir mais ninguém, mas não me custa nada falar com o padre Benedito. Afinal, é um homem de Deus.

E assim se dirigem à igreja e são recebidas pelo bondoso padre.

Dona Tereza se apressa em dizer o motivo que as levou para lá. Elisa complementa o relato, rememorando toda a sua história, e ambas se lembram daquela manhã em que foram procurar o convento em Santa Bárbara, onde Elisa queria se entregar à vida religiosa. Foram horas de conversa com a irmã superiora, quando Elisa, ainda jovenzinha, se dizia desinteressada pela vida, pelas pessoas e que sentia que não tinha mais lugar para ela no mundo dos viventes.

Aquelas lembranças trouxeram lágrimas aos olhos de Elisa, que reviu em sua memória quantas noites passou chorando, lembrando-se de sua infância, da morte do pai, da mãe, da separação da única irmã, Mariana.

Rememorou a disciplina do convento, que a assustava, pois tudo era novo para ela. A lembrança de sua casa e de sua família machucava seu jovem coração.

Nesse momento, padre Benedito, sensível, percebe que Elisa sofria ao perceber que não fizera a escolha certa. Fora levada por carência afetiva e procurou uma fuga de si mesma. E ele tinha plena convicção de que servir a Jesus devia ser uma escolha e não uma fuga. Naquele momento, ele se recorda de sua própria vida, quando desde muito pequeno sentia uma vontade imensa de se colocar a serviço do Senhor Jesus.

— Elisa, minha filha, ninguém melhor que o Cristo sabe o que se passa em seu coração. Fique tranquila, pois todas as pessoas podem servir a Jesus onde estiverem. Rótulos e posturas religiosas são dispensáveis. O que conta é o interior de cada um, o amor que semeamos, o bem que fazemos. Seu coração deve estar em paz. Siga em frente naquilo que você quer para sua vida.

Dona Tereza e Elisa beijam as mãos do padre Benedito e deixam a igreja. O coração de Elisa está leve e dona Tereza está em paz, afinal fora ela quem acompanhara Elisa ao convento anos antes e, de certa forma, sentia-se corresponsável por aquela decisão assumida no passado.

Capítulo 16

— Dona Tereza, amanhã eu gostaria de ir para a casa de minha irmã. A senhora iria também? Eu gostaria de combinar com ela o meu retorno ao convento para me desligar definitivamente. Talvez ela possa me acompanhar.

— Minha querida, você sabe de minha dificuldade para ir a longas distâncias, mas podemos contratar um carro de aluguel para nos levar, e assim poderei acompanhá-la.

E assim foi feito. Na manhã seguinte, logo cedo, o carro de aluguel aguardava para levá-las ao sítio de José. Para Elisa, cada recordação, por menor que fosse, lhe causava doce emoção.

Assim felizes chegam ao sítio. Mariana as recebe com alegria, apressando-se para auxiliar a madrinha a sentar-se na varanda, a fim de se recuperar dos solavancos que o carro sofreu andando por aquela estrada de terra.

— E então, Elisa, como está se sentindo?

— Minha irmã, estou mais do que decidida. Vim lhe pedir que me acompanhe até o convento para que eu possa me desligar em definitivo. Fui rezar no túmulo de nossos pais, fui conversar com o padre Benedito, e tudo isso reforçou meus propósitos. Você iria comigo ainda amanhã?

— Com toda certeza, minha querida. Pode contar comigo. Vamos esperar o retorno de José para conversarmos a respeito, mas desde já quero me colocar à sua disposição.

Pela hora do almoço, José está de volta e fica feliz com a presença querida da cunhada e de dona Tereza. Nos últimos tempos, ele agasalhava a paz em sua alma.

— José, eu gostaria de acompanhar Elisa ao convento para o desligamento oficial. Você poderia ir também? Ela pretende ir amanhã, pois está ansiosa para resolver esse assunto.

— Mariana, amanhã não será possível, pois tratei com alguns compradores de porcos que estão interessados em adquirir alguns de nossos leitões.

— Que pena, José — apressa-se Elisa, já com tristeza no olhar. — Vim tão cheia de esperança! E você se importa se formos apenas eu e Mariana? Afinal, não é tão longe e retornaremos no mesmo dia, pois já me informei sobre os horários e há um ônibus partindo às seis horas da manhã. Será ótimo, porque dará tempo suficiente para resolvermos tudo e voltarmos amanhã mesmo.

— Tudo bem, cunhada. Não serei eu quem irá atrasar seu retorno ao mundo! Você e Mariana irão juntas. No fim do dia, posso buscar Mariana na casa de dona Tereza.

— Casa de dona Tereza e agora também de Elisa — apressa-se a acrescentar a simpática senhora.

Pelo meio da tarde, Mariana pega o indispensável para aquela pequena viagem e José a conduz com a madrinha e a irmã, para que adquiram as passagens de ônibus, e as deixa na casa de Tereza.

AQUELA NOITE FOI muito gratificante para as três mulheres. Conversaram até altas horas, recordando o passado, até que o sono as convidou ao repouso. Dona Tereza registrava a presença da querida Joana, que chorava de alegria ao ver as filhas recordando tantos momentos já vividos. A bondosa senhora, segurando as mãos das duas irmãs, diz emocionada que contavam com a presença tão amada de sua mãe.

Mariana já não se assustava com a informação, porém Elisa ficou apreensiva.

— Dona Tereza, a senhora tem certeza de que é minha mãe? A senhora sabe que o demônio também pode se apresentar com formas femininas para enganar as pessoas?

— Minha querida, acalme seu coração e procure sentir o carinho de nossa Joana. O demônio não teria essa capacidade! Deus, Pai de Amor, não cria seus filhos para aniquilá-los com a morte! Tenho plena certeza de que o amor que une as pessoas é laço que não se desata jamais! Uma mãe, mesmo no outro mundo, nunca deixaria de amar seus filhos e desejar estar por perto para oferecer seu carinho, sua proteção.

— Dona Tereza, a senhora fala com tanta certeza! Como pode saber de tudo isso? — indaga Elisa.

— Minha querida, já tive provas que me convenceram plenamente. Quando meu velho partiu, eu o via, por um bom tempo, sentado naquela velha poltrona, distante, absorvido em seus pensamentos.

"Fui procurar o compadre João, que era homem bom e tinha alguns poderes, como o povo dizia. Ele, na verdade, não tinha poder algum, como ele mesmo falava; apenas conversava com os espíritos, e fazia isso com muita certeza. Ensinou-me muito.

Em uma tarde, veio aqui em casa e conversou com meu velho. Ele fez uma oração, que também acompanhei, e de repente senti vontade de falar algumas coisas que não estavam na minha cabeça. Foi quando compadre João começou a conversar comigo como se eu fosse ele, e eu, sem saber por que, respondia como se fosse ele mesmo.

Minha filha, foi uma experiência que me deixou maravilhada. Só posso lhe dizer que, daquele dia em diante, eu não via mais meu velho sentado naquela poltrona. Eu sentia um grande alívio dentro de casa. Depois de alguns dias, compadre João veio me visitar e me explicou tudo o que havia acontecido. Ele disse mais ou menos assim:

'Dona Tereza, sei que a senhora não entendeu bem o que houve, mas posso lhe dizer que seu marido não morreu. Ele apenas retornou para a vida verdadeira, deixando seu corpo cansado aqui na Terra. Quando a senhora o via sentado naquela velha poltrona, era ele mesmo. Ele ainda não conseguia se desapegar de sua casa, de suas coisas, e não queria deixá-la sozinha, pois achava que a senhora não teria como sobreviver. E, durante a assistência espiritual, graças ao diálogo fraterno, ele conseguiu entender sua condição e se deixou conduzir a uma colônia onde agora está amparado. O filho de vocês que retornou ao plano espiritual ainda criança hoje realiza essa tarefa de amor com os seus semelhantes.'

'Mas, compadre, por que fiquei daquele jeito, esquisita, ouvindo palavras dentro de minha cabeça e as transmitindo enquanto o senhor continuava aquela conversa, como se estivesse falando direto com alguém que eu sentia estar próximo de mim?

Por um momento, senti como se eu estivesse saindo do meu corpo; depois vi que não era isso. Sentia que havia vários seres ali conosco, e somente depois de algum tempo é que vi que quem estava como que falando no meu ouvido era mesmo meu marido.

Confesso ao senhor que não senti medo, mas me senti muito surpresa. Que explicação tem tudo isso? Será que estou ficando atacada das ideias?'

'Comadre, não é nada disso. Existem livros que explicam tudo isso. Não sou muito letrado, mas consegui entender um pouco sobre o assunto. O meu patrão, homem de letras bastante estudioso, tinha na sua casa alguns livros e, certo dia, me perguntou se eu acreditava que com a morte tudo se acabava. Naquela hora, pensei antes de responder e então disse que não.

Ele me falou que perguntara isso porque via a meu lado dona Sebastiana, recuperada e rejuvenescida. Fiquei de boca aberta, porque minha Sebastiana havia morrido fazia poucos anos. Como poderia acontecer uma coisa dessas? Como é que ele poderia saber disso?

A partir daquele dia, no final de tarde, ele sempre me convidava para ouvir aqueles ensinamentos nos livros de um tal de Allan Kardec. E fui tomando gosto por tudo aquilo, e com o pouco de leitura que eu tinha, acabava pedindo emprestado aqueles livros para ler no meu quarto, que ficava nos fundos da casa.'

E foi com o compadre João que também aprendi algumas coisas a respeito da continuidade da vida, minha querida Elisa."

— Nossa, dona Tereza, enquanto a senhora falava, tive a impressão de que ao nosso lado havia várias pessoas. Não me lembro desse seu compadre João, mas tive a nítida sensação que ele balançava a cabeça enquanto a senhora falava. Meus Deus, será que estou delirando?

— Você está passando pelo mesmo que passei quando ele me falou sobre esse assunto.

— Bem, dona Tereza, confesso que me despertou interesse tudo isso que ouvi. Jamais me passou pela cabeça coisas desse tipo. Principalmente por esses anos que passei no convento, eu via tal assunto de uma forma bem diferente do que estou ouvindo agora.

— Minhas queridas, é hora de nos recolhermos, pois, afinal, vocês se levantarão bem cedinho para enfrentar a estrada — dizendo isso, dona Tereza dá boa noite às duas irmãs.

Elisa mal dormiu naquelas poucas horas que a separavam da decisão que julgava a mais importante de sua vida. Em seu íntimo, algo lhe dizia que ela passaria por grandes emoções e que teria uma estrada longa para percorrer. Havia algum tempo, despertava em seu coração um forte desejo de se casar, de ter filhos, e isso a fez enxergar que definitivamente a vida religiosa, a clausura, não era o que queria para sua vida.

Às cinco horas da manhã, o despertador as avisa do compromisso. Dona Tereza, que tinha o sono muito leve — como dizia —, se apressa em se despedir daquelas filhas de seu coração.

Capítulo 17

A viagem tão desejada por Elisa já estava se findando. O ônibus chega a Santa Bárbara mais rápido do que esperavam, e as duas irmãs, descendo logo na entrada da cidade, já se dirigem ao convento, pois este ficava um tanto afastado do centro.

Uma grande área verde abrigava a instituição, com grande pomar, lago, horta, curral, jardim e uma pequena capela que era utilizada uma vez ao mês, quando o padre da cidade ali comparecia para celebrar a missa de ação de graças, da qual todas as irmãs e noviças participavam.

Com o coração emocionado, Elisa toca aquele sininho, anunciando que havia alguém no portão de entrada. A noviça encarregada de atender o portão abria uma pequenina portinhola para identificar a pessoa que ali chegava.

Recebidas na pequena saleta da entrada, Mariana foi convidada a aguardar, pois não era permitia a entrada de estranhos no convento.

— Elisa, minha irmã, aguardarei aqui. Não se preocupe comigo, resolva seus assuntos, e aqui estarei para retornarmos juntas — diz Mariana com muita calma.

A irmã superiora, avisada que Elisa havia retornado com sua irmã Mariana, já estava certa de que realmente aquela noviça havia se decidido em definitivo pelo abandono da vida religiosa. Elevando seu pensamento a Jesus, roga que Ele a proteja naquele novo caminho.

— Com licença, irmã — diz Elisa de maneira carinhosa e, de certa forma, temerosa.

— Entre, minha filha. Eu já a aguardava.

— Irmã, como eu lhe disse naquele dia em que a senhora me aconselhou a tirar alguns dias de licença, meu coração pulsa de maneira diferente já há algum tempo. Tenho a nítida sensação de que coisas importantes estão reservadas para mim e que deverei ajudar muitas pessoas, mas de uma forma que eu ainda não sei definir com muita clareza.

"Retornei acompanhada de minha irmã Mariana, pois com sua permissão gostaria de hoje mesmo poder iniciar esta nova vida. Desde já sou muito agradecida pela acolhida que aqui tive desde aquele dia em que cheguei com o coração desolado, sem expectativa de vida.

Irmã, só posso beijar suas mãos, agradecida pelos anos de amparo e de ensinamentos que aqui recebi. Se consegui completar minha educação foi graças à senhora e às demais irmãs encarregadas de conduzir este convento dentro dos ensinamentos de Jesus."

— Minha filha, ficaremos tristes com sua partida, mas sempre a teremos em nosso coração. Nas minhas orações, sempre pedirei ao Mestre Jesus que a abençoe. Vá em paz, seja feliz e sirva ao Cristo, onde você estiver, pois Ele estará sempre em seu coração.

A irmã superiora chama a irmã encarregada das noviças, pedindo que ela tome as providências para o desligamento de Elisa. Os poucos objetos que Elisa levaria consigo e que estavam guardados no depósito, como algumas fotos que levara quando para lá se dirigiu, lhe foram entregues. No convento ficariam o hábito provisório que já utilizava, bem como as sapatilhas que faziam parte de seu vestuário.

Elisa está trêmula ao se trocar para deixar o convento. Aquele vestido que Mariana lhe dera, bem como os sapatos novos, pareceram-lhe uma joia rara. Afinal, fazia tantos anos que já não se vestia assim que se sentiu insegura até na forma de se pentear, pois os cabelos curtos e sempre cobertos também agora lhe pareciam um adorno temporariamente esquecido.

Enfim, tudo pronto para as despedidas. Lágrimas de gratidão rolavam por sua face, ao dizer adeus a tantas irmãs queridas que a viram deixar a fase de final da adolescência e entrar na idade adulta. A irmã superiora generosamente a presenteia com um terço que guardava com carinho, pois tinha realmente um grande carinho por Elisa.

É pouco mais de duas horas da tarde quando as duas irmãs se dirigem à rodoviária, pois deveriam seguir viagem no ônibus que partiria às quatro horas. Ambas estavam muito emotivas e, durante o trajeto de volta, relembraram vários fatos de seu passado. Recordações dos pais queridos vieram à sua mente, e, por alguns momentos, ambas tiveram a forte sensação de que sua mãe Joana as acompanhava.

Pouco mais de sete horas da noite, as irmãs chegam à casa de dona Tereza, onde José já as esperava. O jantar feito com carinho pela idosa senhora inundava com aroma suave aquela casa simples, mas que oferecia um ambiente extremamente agradável.

Na hora do jantar, Elisa, com um misto de alegria e ansiedade, relatava toda a conversa com a irmã superiora, as despedidas, suas emoções ao entrar naquele pequeno quarto que a abrigara por tantos anos. Ela falava rapidamente, demonstrando assim que seu nervosismo finalmente estava sendo colocado dentro de sua nova realidade.

— Elisa, minha querida, faça sua refeição com calma. Sua ansiedade em nos contar tudo está fazendo com que a comida esfrie. O mais importante é que hoje uma nova fase se inicia em sua vida, e nós aqui estaremos, juntos, vivendo em família.

— Dona Tereza, como a senhora tão generosamente me convidou para residir aqui em sua casa, eu aceitarei, mas saiba que amanhã mesmo irei em busca de um trabalho para poder ajudar nas despesas da casa. Como a senhora sabe, consegui estudar, graças à irmã superiora, e por ter me formado na escola, posso dar aulas. Não quero ser um peso, pois pretendo ajudar com meu salário e também nos cuidados com a casa.

— Calma, Elisa, você nem chegou! Não precisa ter pressa, afinal meus recursos dão perfeitamente para vivermos sem que você precise sair por aí em desespero procurando emprego.

— Obrigada, querida dona Tereza, mas já está decidido. Trabalhar e cooperar serão meus objetivos.

Mariana e José, logo após o jantar, se despedem para retornar ao sítio, pois já era noite e pegar a estradinha de terra era sempre um desafio.

— Minha querida irmã, que Deus a proteja neste momento de grandes esperanças. Você se decidiu por viver aqui na casa da madrinha, mas quero que saiba que minha casa lá no sítio estará sempre de portas abertas para você e para a madrinha também, não é, José?

— Sem dúvida, vocês são a nossa família. Estaremos sempre juntos — afirma José.

Aquela noite seria muito especial para Elisa. Ao fazer suas orações, ela agradecia a Deus pelo momento maravilhoso que estava vivendo. Tão logo adormeceu, espiritualmente em desdobramento deixou o corpo e começou a passear pela cidade. Passou por todos os pontos que lhe traziam lembranças agradáveis. Revia cenas do passado, rememorava a época da infância e via seus pais, Mariana e as outras crianças com quem conviviam na mesma comunidade.

No meio da madrugada, desperta, e, relembrando aquele "sonho" agradável, fica a pensar nas voltas que a vida dá. Hoje já não tem a companhia dos pais, a irmã também já não está com ela e, ao pensar em seu futuro, sente um calafrio, como se estivesse diante de acontecimentos que marcariam seus sentimentos de forma dolorosa.

Rapidamente apanha seu terço de madrepérolas e começa a orar. Ela adormece novamente, agora mais serena.

Acostumada a se levantar bem cedo, não muda sua rotina. Com alegria, prepara o café e, deixando a mesa arrumada, se apressa em ir até a padaria, pois fazia questão de preparar para dona Tereza um café da manhã que ela nunca havia tomado.

Está feliz, e, quando dona Tereza chega à cozinha, Elisa se sente como uma criança que ganha seu primeiro brinquedo. Seu sorriso emociona a idosa senhora, pois era uma manhã muito especial.

Elisa já havia programado seu dia. Iria em busca de trabalho o quanto antes.

E, assim, dirige-se ao grupo escolar, pois tinha muita vontade de trabalhar como professora. Ela sabia que a diretora atual havia sido professora de Mariana e conhecia toda a sua família. Ao chegar, é muito bem recebida e, para sua surpresa, é informada de que uma professora havia adoecido e uma professora substituta seria muito bem-vinda.

Um sorriso quase infantil se estampa no rosto de Elisa, que em seu íntimo eleva a Deus um pensamento de agradecimento por essa boa notícia. Após uma entrevista com a diretora, ela é aceita como professora substituta para a turma do 2º ano. E essa substituição poderia perdurar até o fim do semestre, em virtude do afastamento da professora titular.

Já quase na hora do almoço, Elisa retorna para dar a boa notícia a dona Tereza e também para organizar o necessário para iniciar seu trabalho na manhã seguinte. Ela está tão feliz que segue olhando as flores do jardim principal e nem percebe as pessoas que cruzam aquele espaço.

Já ao entrar na rua de sua nova residência, cruza novamente com aquele rapaz que vira havia poucos dias. Novamente tem a sensação de conhecê-lo.

— Bom dia! Tenho a impressão que a conheço! Você é daqui da cidade?

— Bom dia! Sim, nasci aqui, mas vivi em outra cidade por muitos anos. Retornei agora para reiniciar minha vida — responde Elisa.

— Eu também vivi alguns anos na capital e retornei há mais ou menos um ano. Se me permite, gostaria de me apresentar: meu nome é Renato, e o seu?

— Eu me chamo Elisa.

Nenhum dos dois tem sua atenção voltada ao passado, pois pouco se viram, e Elisa era muito pequena quando Renato namorou sua irmã. Naquele momento, ela não associa aquele nome nem a Mariana nem a Helena, que era amiga da família.

— Muito prazer, Elisa, foi muito bom tê-la conhecido. E onde fica sua casa?

— Na verdade, não é minha casa, estou na casa de uma grande amiga, quase uma mãe. Fica ali na rua paralela ao rio. Bem, também tive muito prazer em conhecê-lo, mas agora preciso ir.

Renato queria continuar a conversa, mas ele também estava em horário de almoço e agora já se sentia mais responsável. Por esse motivo, precisava se apressar.

— Elisa, podemos nos ver novamente? Gostaria muito de conhecê-la melhor.

— Qualquer hora nos encontraremos novamente. Tchau!

Elisa sai apressada, pois está ansiosa para conversar com dona Tereza sobre as novidades daquele dia. Em apenas uma manhã, duas coisas que lhe agradaram muito acabaram por acontecer.

Ao chegar a casa, está entusiasmada. Abraça a amiga querida e comunica que começará a trabalhar na manhã seguinte. Conta tudo o que viu na escola e fala da boa impressão que teve daquele local, bem como das pessoas que a receberam.

— Estou um pouco apreensiva, pois será meu primeiro trabalho. Receberei a classe do 2º ano, e nesta época eles talvez estranhem a chegada de uma nova professora. Mas confio em Deus e tudo farei para não decepcionar nem as crianças nem a diretora.

Já à mesa, Elisa se lembra do rapaz que conheceu e comenta com dona Tereza. Ela conta toda a conversa que tiveram, e a idosa senhora é tomada por uma sensação desagradável.

— Elisa, como é o nome do rapaz?

— É Renato. Aparenta mais ou menos 35 anos, já não é bem um rapaz, já é um homem quase maduro. É muito simpático, e tenho a impressão de conhecê-lo, mas é só impressão.

Dona Tereza agora entende por que teve uma sensação diferente quando Elisa começou a lhe contar daquele encontro. Novamente Renato entrava na vida de alguém, e isso não era nada bom.

Ela nada comenta e, naquela tarde, organizando com Elisa algumas coisas que estavam pendentes, tratam de providenciar o necessário para o novo modo de vida daquela moça encantadora.

Primeiro dia de trabalho! Quanta alegria! Elisa consulta os diários de classe para se inteirar do andamento da sala e rapidamente toma pé da situação. Recebe orientações preciosas de sua diretora e sente-se animada para iniciar a tarefa.

Como costumava fazer antes de iniciar qualquer trabalho, convida as crianças a orar o Pai-nosso, pedindo a proteção de Jesus para seu dia. As crianças acompanham a oração com muito sentimento, e o ambiente da sala está muito sereno.

Assim, o primeiro dia de trabalho de Elisa foi maravilhoso! Ela estava radiante!

Renato, ao se despedir de Elisa naquele primeiro encontro, sentia que algo havia acontecido com ele. Simpatizara muito com aquela moça, embora verificasse que ela era bem mais nova do que ele. "Mas isso não é problema", dizia para si mesmo. "Acho que ela também simpatizou comigo. Espero encontrá-la novamente, mas, se preciso for, vou procurar a casa em que está vivendo."

O destino cuidou de promover o segundo encontro, e Renato não perdeu tempo.

— Elisa! Que bom encontrá-la de novo! Uma cidade bem pequena como a nossa tem as suas vantagens! As pessoas não têm como não se encontrar! Confesso que tudo o que eu mais queria era encontrar você novamente!

— Você é sempre assim, entusiasmado? — pergunta Elisa em tom de brincadeira.

— Não, só quando encontro alguém especial! Elisa, vamos nos sentar um pouco aqui neste banco do jardim? Afinal, o entardecer está tão lindo!

— Tenho pouco tempo, pois dona Tereza me espera. Mas podemos conversar um pouco, sim.

— E, então, onde você estava escondida, que nunca a tinha visto por aqui?

— É uma longa história. Vivi em um convento desde que minha mãe faleceu.

— Nossa! Quer dizer que você queria ser freira?

— É isso mesmo! Minha vontade era tornar-me freira, quando me vi sozinha, sem meus pais e sabendo que minha irmã havia se casado recentemente, pensei que não deveria incomodar. Mas qualquer hora conversaremos mais, porque agora realmente preciso ir.

— Posso acompanhá-la? Assim podemos conversar mais um pouco.

— Não vejo nenhum problema. Mas estou bem perto de casa, não se preocupe.

Renato estava ansioso para saber onde Elisa morava, e aquela seria uma ótima oportunidade. Ali chegando ficou surpreso, pois sabia que aquela era a casa de dona Tereza, madrinha de Mariana.

Naquele momento, tudo ficou muito claro. Lembrou-se de que Mariana tinha uma irmã chamada Elisa e perguntava a si mesmo como não havia percebido antes que estava diante daquela menina que conhecera quando criança. Embora ele não frequentasse a casa de Mariana na ocasião em que se envolveram, chegou a ver a garota pelo menos por duas vezes.

"Meu Deus, como este mundo é pequeno! Devo falar a ela que já nos conhecemos, ou não? Com certeza ela não me reconheceu, pois teria comentado alguma coisa. Sim, devo falar, mas não será agora. Será que ela sabe de toda a minha história com Mariana?"

Renato se apressa em se despedir, pois temia que dona Tereza o visse naquele momento. Tudo o que ele precisava era de tempo para organizar seus pensamentos. Ele estava realmente interessado em Elisa e não queria colocar tudo a perder.

— Dona Tereza, que alegria ter um lar para retornar! E hoje me encontrei novamente com Renato. Ele me acompanhou até a porta, mas estava com muita pressa e mal se despediu de mim. Conversamos um pouco e aquela sensação de que já o conheço ficou ainda mais forte. Mas ainda não tivemos tempo de falar sobre nossa infância. Talvez, da próxima vez que nos encontrarmos.

Capítulo 18

Naquela noite, após suas orações, durante o sono, desligando-se do corpo físico, Elisa caminha pelo jardim da casa e repentinamente vê um rapaz sentado naquele velho banco de pedra. Assusta-se, mas ele a chama pelo nome.

– *Elisa, não tema! Estava mesmo aguardando-a para conversarmos um pouco!*

– Mas, quem é você? Eu não o conheço!

– *Nós nos conhecemos, sim. Mas faz muito tempo que não nos encontramos. Somos da mesma família e já vivemos juntos por várias vezes.*

– Vivemos juntos? Como? Nunca o vi antes! Você está aqui na casa de dona Tereza fazendo o quê? Ela não vai gostar que estranhos entrem assim em sua casa.

– *Elisa, não sou um estranho, e dona Tereza me conhece. Fique tranquila. Só quero conversar um pouco. Não tenho nada contra você. Por favor, ouça-me. Tenho uma dívida antiga com sua irmã Mariana, e que se agravou agora nesta existência.*

— Olha, cada vez entendo menos. Você está me confundindo com alguém.

Dizendo isso, Elisa espiritualmente retorna ao corpo e acorda trêmula, pois não era comum ter "sonhos" como aquele. Começa a orar, pedindo a Deus que a livre daquele pesadelo. Não conseguia se recordar do sonho todo, mas tinha certeza de que um rapaz tinha conversado com ela — e isso lhe dava muito medo. Apressa-se em ligar o pequeno abajur que estava ao seu lado e assim permanece por um longo tempo. Fica ansiosa para o dia clarear logo para então falar com dona Tereza.

Às seis horas da manhã já estava em pé preparando o café, pois iniciaria seu trabalho às sete e trinta, e sabia que a pontualidade era sinal de caráter.

Rapidamente relata seu sonho para dona Tereza, mas não tem tempo para ouvir as explicações. Com certeza, mais tarde, poderia decifrar aquele pequeno mistério que a intrigava.

Dona Tereza, sensitiva que era, logo percebe que o rapaz que Elisa descrevera era aquele mesmo que ela já tinha visto em seu jardim havia pouco tempo. Sem demora, ela se dirige para lá.

Realmente, ele ali estava. Com a linguagem do pensamento, ela lhe pergunta o que deseja ali.

— *Dona Tereza, eu sabia que a senhora viria me procurar. Sou Fernando, aquele mesmo que sua afilhada abortou, lembra-se? Apenas quero me aproximar de Elisa, pois somos velhos conhecidos. Ontem, quando ela se afastava do corpo físico, em espírito, dirigindo-se ao jardim, apresentei-me diante dela.*

— Mas, por que você quer se aproximar dela? O que deseja?

— *Quero apenas ajudá-la a encontrar a felicidade! Ela é uma boa menina!*

Dona Tereza, pela sua sensibilidade, apesar de não ter se aprofundado nos estudos doutrinários, trazia conhecimentos armazenados em sua memória espiritual e, dessa forma, percebe que Fernando tentava se passar por amigo, quando na verdade sua intenção era outra.

— Meu rapaz, por que está querendo me enganar? O que você pretende realmente? Elisa é uma boa moça, está recomeçando sua vida e não merece ser ludibriada por ninguém!

Nesse momento, Fernando se retira rapidamente, pois percebe ao lado de dona Tereza um espírito iluminado que a abraça com carinho.

A boa senhora, orando a Jesus, pede proteção para Elisa e também para aquele espírito que ela sentiu trazer um imenso sentimento de ódio em seu interior.

Enquanto orava, sentiu que não deveria entrar em detalhes com Elisa, pois ela ainda não tinha condições de entender a influência do plano espiritual, como realmente ocorria. Mas em seu coração havia um sentimento estranho com relação àquele espírito envolto em ódio.

Realmente, logo que Elisa retorna, a primeira coisa que quer ouvir é a explicação sobre o sonho que tivera na noite anterior.

Dona Tereza fala superficialmente que o desdobramento espiritual permite o nosso encontro com várias outras pessoas que também estão "sonhando", e que algumas vezes lembramos, outras não. Mas Elisa não precisava se preocupar com isso.

Mariana e José, que estavam vivendo um clima de relativa paz nos últimos tempos, decidem visitar Elisa e dona Tereza, no fim daquele dia. Eles haviam prometido a ela que falariam com o sr. Acácio ou com o sr. Arnaldo sobre a ida de dona Tereza à reunião do domingo.

Assim, antes de se dirigirem à casa de dona Tereza, resolvem ir até a loja do sr. Acácio, pois lá tratariam daquele assunto. Eles não tinham conhecimento de que Renato estava trabalhando na loja e, quando chegam, a surpresa os faz recuar, em um primeiro momento.

— Boa tarde — apressa-se a dizer Renato. — Desejam alguma coisa? O sr. Acácio foi tomar café, mas já estará de volta. Não atendo o balcão, mas, se quiserem algo, posso ajudar!

José e Mariana não tiveram tempo de responder, pois o sr. Acácio entrava na loja naquele instante.

— Olá, meus amigos — foi logo dizendo. — Que prazer!

"Renato, obrigado por tomar conta do balcão por alguns minutos. Agora pode retornar ao seu trabalho, pois atenderei aos meus amigos."

José e Mariana sentem-se mais à vontade e, recompondo-se da situação desagradável, falam do desejo de dona Tereza em participar da reunião espírita no próximo domingo.

— Podem dizer a dona Tereza que ela será muito bem-vinda. Eu a conheço há muitos anos, é uma pessoa dotada de uma imensa religiosidade. Com certeza vai se identificar plenamente com os ensinamentos do Espiritismo, pois sempre demonstrou uma fé racional. Já tivemos oportunidade de conversar a respeito da fé cega, e, na ocasião, ela foi muito clara em suas convicções.

— Obrigada, sr. Acácio, daremos a boa notícia à madrinha — diz Mariana, estendendo a mão para as despedidas, no que é acompanhada por José.

Mais alguns minutos e o casal chega à casa de dona Tereza. Informam sobre a conversa que tiverem com o sr. Acácio.

— Madrinha, tivemos uma surpresa quando chegamos à loja, pois fomos recebidos sabe por quem? Pasme: quem estava lá era Renato.

Neste momento, dona Tereza se lembra da conversa com Elisa.

— Mariana, estou com um pressentimento de que o rapaz com quem Elisa já conversou algumas vezes seja esse mesmo Renato, nosso velho conhecido. Nesta cidade, apesar de pequena, pode haver mais de um Renato, mas sinto que é o mesmo. Ainda ontem ele a acompanhou até aqui, mas não o vi. O que chama a atenção é que Elisa disse que desde a primeira vez que o viu teve a sensação que o conhecia. E agora fica mais claro; eles se encontraram quando ela retornava do trabalho, que fica na mesma direção da loja.

José, que a tudo ouvia calado, já tem uma sensação desagradável. Apesar de ter se esforçado muito para esquecer todo o passado de Mariana, ainda tem suas recaídas. O aprendizado no grupo de estudos já o fizera superar aquela primeira decepção, mas a ferida ainda não estava totalmente cicatrizada.

Mais alguns minutos de conversa se passam até a chegada de Elisa, vibrando de alegria ao rever a irmã.

— Mariana, que bom encontrá-la aqui! Estou muito feliz com meu trabalho e já estou até fazendo amigos! Já me reencontrei com duas amigas de infância, ambas casadas e com filhos. Comecei a sentir que ficarei para titia!

Todos riram daquela afirmativa de Elisa. Depois do café, as despedidas.

Naquela noite, como sempre, Elisa se ajoelha para rezar o terço e se preparar para dormir. Pede a Deus que não tenha pesadelos, pois ainda se recordava daquele sonho que a assustara bastante.

Dona Tereza também se preparava para dormir, e fazia suas orações. E naquela noite, quando em desdobramento, vê-se em uma ampla sala onde se encontram várias pessoas. Avistando Virgínia e irmã Amélia, reconhece as duas amigas que já a visitaram em sonho, por várias vezes.

— *Querida Tereza! Que bom que você atendeu ao nosso chamado!*

Tereza não se lembrava de haver recebido nenhum chamado, mas mesmo assim se cala.

— *Querida irmã* — diz logo irmã Amélia —, *estamos em meio a uma grande tarefa e precisamos de sua ajuda. Desde que Elisa foi recebida por você, tornaram-se possíveis os preparativos para que se inicie um processo de reajuste que se faz necessário. Trata-se do reencontro de Fernando com Mariana, José, Elisa e Renato. Não será uma tarefa fácil, mas, com apoio de todos nós, isso será possível.*

— Fernando seria aquele mesmo espírito que tem se apresentado a mim e a Elisa? Aquele que foi abortado por Mariana, na sua adolescência?

— *Exatamente, Tereza. Ele afirma seu propósito de vingança, mas sabemos que, no fundo, tudo o que ele deseja é reencarnar. Ele se esconde atrás da máscara de vítima, porque, na verdade, sente-se como tal. Depois daquela rejeição, ele permanece cristalizado na ideia de que a família de Mariana, Elisa, Joana e Joaquim é a grande responsável por tudo de mal que lhe acontece. Ele não nutre o mesmo rancor com relação a Renato, pois sua maior revolta é com dona Ditinha e com Joana, porque sabe que elas é que decidiram seu destino naquela ocasião.*

– E o que vocês esperam de mim? Não vejo como poderia ajudar.

– *Você já sentiu que o Renato que Elisa encontrou é o mesmo Renato que foi namorado de Mariana. É isso mesmo! Os caminhos desse grupo de espíritos estão todos interligados. Todos eles têm débitos entre si, e isso vem de muito tempo.*

– *Tereza, meu filho José* – interfere Virgínia – *também está ligado a este grupo, assim como eu mesma, e por esse motivo eu o estou incentivando a seguir com os estudos religiosos a fim de cumprir os compromissos que assumiu antes de reencarnar. Esse conhecimento vai auxiliá-lo muito quando chegar o momento de lutar com seus sentimentos de ciúmes e de apego.*

"Queremos pedir que você não se oponha quando Renato pedir sua autorização para namorar Elisa, e mais, que você consiga também a aprovação de Mariana e José, pois ambos, de início, se mostrarão magoados com você diante dos fatos. Você precisará de coragem para convencer os dois a aceitarem o namoro. Como dissemos, são caminhos muito entrelaçados, e os débitos, que são grandes, precisam ser quitados. Jesus fortalecerá os nossos propósitos e dará forças a você também para que consiga harmonizar esse grupo.

Tereza desperta com uma sensação agradável e começa a rememorar aquele "sonho". Procura gravar todas as lembranças para que nada se perca. Os detalhes daquele encontro não são claros, mas de uma coisa ela tem certeza: Elisa e Renato têm juntos um compromisso espiritual.

Capítulo 19

Elisa, como de costume, prepara o café para Tereza, pois já se sente como uma filha daquela senhora que a mima e se coloca sempre como uma verdadeira mãe.

— Dona Tereza, tenho pensado muito no meu futuro, e lá no fundo do meu coração sinto que ainda poderei formar minha própria família. Será que estou delirando?

— Minha querida, você tem todo o direito de sonhar com marido, filhos, enfim, construir seu futuro, repleto de felicidade! Você terá todo o meu apoio.

Elisa fica muito feliz com a afirmativa de dona Tereza e, ao se despedir, beija aquelas mãos já enrugadas que muito produziram, agradecendo mais uma vez por todo o amor que lhe é oferecido naquela casa. Aquele seria um dia especial, pois havia a possibilidade de deixar de ser professora substituta e já receber sua sala de aula na condição de professora efetiva.

Caminha alguns passos e, para sua surpresa, avista Renato.

— Renato! O que faz por aqui tão cedo?

— Estava esperando por você para acompanhá-la até a escola, pois ainda tenho um tempinho antes de iniciar meu trabalho. Posso?

— Claro! Fico muito feliz com sua atenção!

— Elisa, eu gostaria muito de conversar com você sobre muitas coisas que já vivi e que formam meu passado. É muito importante para mim! Podemos tomar um sorvete no próximo sábado e depois irmos ao cinema?

— Preciso conversar com dona Tereza, pois havíamos combinado de ir até a casa de minha irmã. Meu cunhado já se programou para vir nos buscar. Podemos transferir para domingo?

— Eu estou ansioso para ter esta conversa com você, mas, se é assim, podemos deixar para domingo. Afinal, dia a mais, dia a menos não fará tanta diferença.

— Então está combinado. No próximo domingo conversaremos por muitas horas!

Chegando à escola onde Elisa lecionava, Renato se despede com um beijo em seu rosto. Mais uma vez, ela sente uma grande emoção com a atitude de Renato.

Aquele foi um dia muito especial na vida de Elisa. Ela trabalhou com grande entusiasmo e estava ainda mais carinhosa com as crianças, pois seu coração estava em festa.

Findo seu período de trabalho, Elisa chega a casa radiante!

Dona Tereza vai perguntando:

— Você viu o passarinho verde?

— Sim, dona Tereza! Se isso significa estar feliz, é isso mesmo! Vou lhe contar: hoje pela manhã, Renato me esperava ali na esquina, e fomos juntos até a escola. Ele me convidou para tomarmos um sorvete e irmos ao cinema no próximo sábado. Mas eu disse que iríamos à casa de minha irmã, então transferimos nosso passeio para o domingo.

— E você disse a ele quem é sua irmã?

— Não, por que diria? Ele nem a conhece!

— Elisa, acho que precisamos conversar sobre o passado de Mariana. Vá se banhar e depois vamos conversar. Acho que temos muito assunto!

Elisa fica muito curiosa. O que teria assim de tão importante para que dona Tereza se preocupasse em lhe contar fatos do passado de Mariana?

— Pronto, dona Tereza, podemos conversar agora?

— Minha querida, Mariana, quando tinha quinze anos, conheceu Renato. Namoraram por pouco tempo e, logo depois, ele a deixou e retornou para a capital. Mariana sofreu bastante.

— Mas a senhora vê algum problema se eu namorá-lo? Mariana está casada e creio que não se importará com isso.

Naquele momento, dona Tereza sente que não deve comentar sobre o filho que não chegou a nascer, nem sobre a atitude de Renato. Afinal, era um assunto que a própria Mariana deveria abordar, se julgasse necessário.

— Dona Tereza, como no sábado estaremos com Mariana, conversarei com ela sobre isso. Afinal, minha irmã hoje tem outra família.

— Sim, minha filha, esse é o melhor caminho.

Elisa está muito ansiosa para conversar com sua irmã. E no sábado, bem cedo, José chega para levar dona Tereza e a cunhada para passarem o dia no sítio.

Após os cumprimentos, o gostoso café e o passeio pelo sítio, caminhando e sentindo a brisa suave daquela manhã, os três reuniam-se para, sem saber, planejar o futuro da família espiritual. Mariana gostava muito de sentar-se sobre aquela pedra que mais parecia um barco, ouvindo o barulho do riacho e o canto dos pássaros. Assim, faz o convite para aquela parada.

— Mariana, que bom pararmos aqui — vai logo dizendo dona Tereza. — Eu gostaria de falar sobre um assunto da maior importância.

Capítulo 20

— Lembra-se daquela conversa que tivemos há alguns dias? Sobre o rapaz com quem Elisa tem conversado? Ontem, Elisa o encontrou novamente, e ele está interessado em conversar com ela. Pelo que senti, está interessado em iniciar um namoro.

"Como eu lhe disse, meu coração agora tem certeza de que é o mesmo Renato que foi seu namorado na adolescência. Há alguns dias sonhei com duas amigas espirituais, e elas pediram minha ajuda para promover encontros importantes para a vida espiritual de sua família."

— Que tipo de ajuda, madrinha? Não estou entendendo!

— Querida, ainda não sei que tipo de ajuda. Mas o que sinto é que fatos importantes estão programados para a vida de vocês!

Nesse instante, Mariana e dona Tereza olham para Elisa, aguardando que ela se pronuncie.

— Pois é, minha querida irmã, dona Tereza me contou que você namorou Renato quando tinha quinze anos e que não deu certo, pois ele foi embora de repente.

— Ela falou só isso?

— Sim! Tem algo a mais para falar?

— Tem sim, Elisa. É uma longa história. E vou lhe contar agora.

Mariana relata para a irmã desde o momento em que conheceu Renato, por intermédio de Helena, sua amiga querida. Menciona os constantes avisos de sua mãe a respeito daquele namoro. E, parando por alguns instantes, respira fundo e toca no ponto que marcou sua vida. Conta em detalhes sobre a gravidez, sobre o aborto, sobre a fuga de Renato.

— Elisa, recentemente sonhei muito com nossos pais. Foram sonhos bem marcantes, especialmente com nossa mãe, com quem me encontrei em sonhos por várias vezes e acordava assustada. Até que um dia, comecei a sonhar com nosso pai, e eram sonhos mais amenos. Nosso pai enquanto viveu aqui na Terra não ficou sabendo de nada do que aconteceu, mas lá no mundo dos espíritos, como fala José, ele tomou conhecimento de tudo e me perdoou. Perdoou inclusive nossa mãe pelo fato de me levar a procurar dona Ditinha e providenciar tudo, sem que ele soubesse.

— Meu Deus! Minha irmã, tudo isso aconteceu na minha infância? Como você deve ter sofrido! Estou me sentindo muito mal em ter alimentado esperança com relação a esse homem! Será que ele sabe que sou sua irmã?

— Elisa, quando você me disse que ele a acompanhou até nossa casa, eu já desconfiava que era a mesma pessoa — afirma dona Tereza. Com certeza, ele associou os fatos e sabe, sim, que você é irmã de Mariana.

Aqueles três corações estavam tocados por vários sentimentos.

Elisa já estava muito interessada em Renato, mas, diante daquela narrativa, disse para si mesma que não iria encontrá-lo, de forma alguma.

— Mariana, saiba que o interesse que ele despertou em meu coração morre aqui. Evitarei falar com ele, de todas as formas. Para começar, não vou comparecer ao encontro amanhã.

Dona Tereza ouvia a tudo em silêncio, mas em seu coração estava esta pergunta: como ajudarei, se a própria Elisa já refuta a ideia de uma aproximação? Ela sente que junto delas estava uma daquelas irmãs que lhe fizeram o pedido de ajuda.

— Elisa, não quero interferir em sua vida, mas confesso que para mim será muito difícil conviver com Renato, depois de tudo, principalmente porque sei que José sofreu muito quando lhe contei esses fatos. Somente agora que ele está estudando e diz que está se esforçando para entender e aceitar muitas coisas que não entendia, tenho percebido que ele encara o assunto com mais serenidade.

— Minha irmã, eu mesma não tenho mais interesse, fique tranquila — afirma Elisa entristecida.

Irmã Amélia, que acompanhava aquela conversa, coloca-se em oração, pedindo a Deus que aquelas três almas, unidas há séculos, pudessem sentir a força do perdão e do amor.

Cada uma delas fixa seu olhar no céu, no pequeno riacho, nas flores, e se mantém em silêncio. As emoções são diferentes no interior de cada uma. Mariana ainda sente um misto de raiva e arrependimento por não ter tido maturidade para repelir a decisão de sua mãe; Elisa sente uma grande decepção por perceber que aquele sonho que estava no início já se desvanecia, e dona

Tereza sente vontade de ajudar aqueles seres queridos, mas, diante das lembranças de sua afilhada, julga-se incapaz de fazer alguma coisa.

Retornaram a casa em silêncio, e José, que as esperava, ignorando tudo aquilo, oferece a elas uma cesta de goiabas e laranjas que acabara de colher.

— Aproveitem, estão fresquinhas! Como o almoço ainda demora, façamos aqui um piquenique de frutas!

O almoço transcorreu com assuntos girando em torno do tempo, da vida no campo e na cidade, do novo grupo de que José estava fazendo parte, do custo de vida, etc.

— Amanhã vamos nos encontrar de novo, não é, dona Tereza? Vamos juntos à reunião de estudos lá no grupo do sr. Acácio. A senhora não se esqueceu, certo?

— De jeito nenhum! Estou ansiosa para participar. E como fui aceita, estou muito feliz!

Após o almoço, tomando o cafezinho na varanda, dão continuidade ao bate-papo. E assim, o entardecer tinge de cores vibrantes aquele céu límpido.

— José, você poderia nos levar para casa? Não podemos ficar mais, pois ficará muito tarde para você voltar. Mariana, você vai conosco? — pergunta dona Tereza.

— Sim, vamos todos. O dia passou muito rápido, e amanhã logo cedo retornaremos para a cidade, pois vamos à reunião espírita.

— Meus queridos, por que vocês não dormem lá em casa esta noite? Temos aquele quarto de hóspedes. O entardecer está bonito e, com certeza, a noite também será. Assim podemos conversar mais um pouco, o que acham?

— Mariana, vamos? — pergunta José entusiasmado.

— Ótimo. Esperem um pouco, pois pegarei algumas peças de roupas, e vamos todos.

Elisa está feliz, pois gosta muito da irmã e do cunhado. Mas mesmo assim não deixa de pensar em Renato, agora já mais calma, mas sentindo uma grande tristeza.

Rapidamente chegam à cidade. A noite realmente estava estrelada e iluminada pela lua cheia, que dava um toque especial ao jardim central.

— Mariana, José, vamos dar um passeio pelo jardim? A noite está tão linda! Vamos, dona Tereza?

— Obrigada, minha querida, mas prefiro descansar. Vocês que são mais novos devem ir.

Caminhando até o jardim central, Elisa se pega pensando em Renato. "Será que vou encontrá-lo? Se isso acontecer, vou ignorar!", pensava decidida.

Procura disfarçar a ansiedade. Chegando à praça principal, novas surpresas a aguardavam.

A força do destino ali coloca Renato. Ficam todos frente a frente e, parados, olham-se rapidamente, até que o próprio Renato toma a palavra.

— Elisa! Que surpresa!

— Pois é, Renato, o mundo é mesmo muito pequeno. Creio que não preciso lhe apresentar minha irmã e meu cunhado, não é?

— Boa noite! — cumprimenta Renato, sem estender a mão, pois temia não ser correspondido.

— Boa noite — responde José. Mariana permanece calada.

Renato fica perturbado diante de Elisa, pois tem certeza, pelo tom de voz da moça, que ela já sabe de tudo. Sem saber o que dizer, pede licença e se afasta.

José e Mariana convidam Elisa para tomar sorvete, pois a noite estava quente. Não fazem nenhum comentário sobre o encontro.

Ao retornar para a casa de dona Tereza, cada um deles interpreta aquele encontro à sua maneira. Mais um pouco de conversa, e todos decidem se recolher.

Naquela noite, irmã Amélia e Virgínia esperavam que, durante o repouso do corpo, ocorresse o desdobramento espiritual em que Mariana, José e Elisa, estariam provisoriamente livres da matéria física, de modo que poderiam se encontrar para uma conversa amiga.

Mais alguns minutos e as duas irmãs e o cunhado se dirigem ao jardim da casa de dona Tereza. Virgínia abraça o filho emocionada e convida a todos a permanecer naquele jardim acolhedor, onde poderiam conversar, buscando a paz de Jesus para seu coração.

Irmã Amélia também envolve a todos com seu amor e pede que eles a ouçam.

— *Meus amados, este nosso encontro estava programado pelos nossos amigos protetores já há algum tempo, pois é chegado o momento de vocês procurarem seguir o aconselhamento do Mestre Jesus, quando Ele diz: "Reconcilia-te com o teu adversário enquanto está lado a lado com ele!"*

"José, você tem procurado buscar o conhecimento que liberta, já guiado pela intuição que tem recebido dos benfeitores espirituais, exa-

tamente para colocar em prática a máxima de Jesus 'ama o teu próximo como a ti mesmo'.

Então, meu filho, quero lhe dizer que é chegado o momento de colocar em prática o que você vem aprendendo. Peço a você que procure mentalizar Jesus neste instante para podermos retornar ao passado, rever outras existências e encontrar ali um personagem que já é seu velho conhecido. Observe estas cenas, verifique bem quem é esse menino que está junto de você!"

José fixa sua atenção naquela criança e, naquele momento, sente que se trata de seu filho. Observa que o trata com desdém, e o menino olha para ele com um semblante sofrido.

— *Meu caro José, este menino é o filho que você rejeitou, e que mesmo assim viveu a seu lado por alguns anos, em circunstâncias bem dolorosas, pois você foi um pai cruel e despótico. Trata-se do Renato de hoje. Naquela ocasião, ele se transformou em um adulto infeliz, que semeava discórdia e agressividade, em vista do trauma que carregava por ter sido tão maltratado por você.*

"Mariana, você naquela encarnação foi a mãe de Renato, e era uma mulher fútil e volúvel, para quem a maternidade não significou nada. Gerou aquele filho sem nenhum compromisso com a vida daquele serzinho e só não abortou porque ficou com medo, pois já havia praticado um aborto anteriormente e quase desencarnou naquela ocasião.

Mesmo sabendo que seu companheiro, o mesmo José de hoje, não queria aquele filho, você deixava o menino a seu lado e vivia uma vida de desregramentos. Assim, aquela criança cresceu sem nenhum referencial de pai e mãe, não conheceu o amor e muito sofreu, desenvolvendo um profundo desrespeito para com os semelhantes.

Meus queridos, vocês, de alguma forma, foram os responsáveis pelo caráter do Renato de hoje.

Elisa, sua ligação com Renato também vem de longe. Na encarnação que estamos recordando agora, vocês se encontraram em circunstâncias bem perigosas. Ele, tornando-se um adulto revoltado, não valorizava a vida nem tinha respeito por ninguém. Você se apaixonou por ele, mas não era correspondida e mesmo assim estava sempre por perto. Renato, após a morte do pai, herdou pequena fortuna, pois mesmo não recebendo amor paterno, acabou sendo beneficiado com algumas propriedades. Na sua conduta equivocada, em pouco tempo ele perdeu tudo no jogo e na bebida.

Quando ele se viu na rua da amargura, lembrou-se de você, Elisa, e resolveu procurá-la. Com uma ponta de despeito, você o rejeita, apesar de amá-lo. Decidiu que o levaria suplicar de joelhos seu amor, e assim o fez. Você entendia que ele a repudiara e deveria pagar por isso.

Renato passa fome e frio, e começa a implorar pela caridade das pessoas. Nessa ocasião, você decidiu que deveria perdoá-lo e o levou para sua casa. Mas ele já havia adoecido. Vocês tiveram apenas alguns meses de uma felicidade relativa, quando ele começa a apresentar os sintomas da tuberculose. Sua vida terrena acaba se extinguindo, e, em pouco tempo, você também começa a apresentar os mesmos sintomas, pois havia se contagiado.

Meus filhos, a ligação de vocês é antiga. E, por esse motivo que, atualmente, acabaram se encontrando com a finalidade de se perdoarem.

Mariana, José, ainda existe um agravante: antes do nascimento de Renato, naquela existência remota, o aborto que Mariana cometeu foi motivado pela irresponsabilidade dela e pela sua total indiferença. Já naquela época, nosso irmãozinho Fernando, que estava ligado a vocês, foi rejeitado. É por esse motivo que agora, quando ele foi abortado novamente, seu ódio cresceu de tal forma que ele só tem pensamentos de vingança. Na verdade, Fernando faz parte de seu grupo familiar desde épocas remotíssimas, quando vocês viviam como nômades, escravizando e vendendo seres humanos como se fossem mercadorias.

Meus queridos, peço a vocês que reflitam em tudo isso que acabamos de relembrar e orem a Jesus para aproveitarem esta encarnação para que os resgates os conduzam à felicidade futura. Jesus estará orientando a todos vocês para que a lei do amor possa reinar na alma de todos."

Virgínia, abraçada ao filho naquele momento, pede permissão para elevar uma prece ao Pai Criador, pedindo que aqueles seres queridos pudessem reter em seu íntimo aquele encontro de amor que levaria a eles um fortalecimento para tomarem o rumo certo em suas decisões.

Capítulo 21

Dona Tereza foi a primeira a se levantar e já preparava o café quando Elisa apontou na cozinha.

— Bom dia! Que domingo lindo! Sabia que tive um sonho bem estranho? Tenho certeza de que nele estavam José, Mariana, eu e mais duas senhoras muito bonitas, irradiando muita paz! Mas o mais interessante é que sinto no meu coração que o assunto do sonho foi o Renato.

— Minha querida — dona Tereza rapidamente fala —, eu já lhe disse que em muitas ocasiões converso com amigos do mundo espiritual e posso lhe dizer que, certamente, essas duas senhoras são nossas amigas irmã Amélia e Virgínia, pois eu as vi aqui em casa, ontem à noite, enquanto fazia minhas orações antes de deitar. Para que você saiba, Virgínia é a mãe de José.

Mariana e José chegam com o pão quentinho, surpreendendo Elisa e dona Tereza.

— Bom dia a todas! Que este domingo seja abençoado por Deus! — diz José olhando para o céu.

O clima naquele café da manhã era cordial, e todos estavam envoltos em um sentimento agradável, quando Elisa pergunta:

— Vocês sonharam com alguém esta noite?

— Eu sonhei com minha mãe, que estava ao lado de uma amiga que irradiava muita paz e luz. É interessante que vocês, Elisa e Mariana também faziam parte desse sonho — afirma José.

— Gente! O que será isso? Eu também tive um sonho parecido! Estávamos todos no jardim! — diz logo Mariana. Mas, no meu caso, acordei com certa tristeza, um vazio e, além disso, com a impressão de que havia prejudicado alguém, em alguma época distante.

Nesse momento, dona Tereza, que estava ladeada por Virgínia, pede licença, pois precisava transmitir algumas palavras daquela amiga espiritual que ali se encontrava.

— Meus queridos, nossa amiga Virgínia pede que eu lhes diga que vocês três devem orar a Jesus com toda a sua fé para poderem se recordar de um ponto em comum nas suas lembranças. Procurem memorizar o sonho e nele encontrarão uma informação muito importante para a vida de todos. Ela diz ainda que essa lembrança será muito significativa para que o compromisso de vocês para com as leis divinas possa ser cumprido.

— Bem, eu vou à missa das oito horas e lá na igreja orarei a Deus pedindo para que lembre integralmente do sonho — diz Elisa.

— Nós vamos à reunião espírita e no momento da prece também pediremos a mesma coisa, não é, José? — com essas palavras Mariana procura se inteirar do real teor dos sonhos.

No momento de se dirigirem à reunião, dona Tereza estava eufórica: sentia que receberia energias que havia muito tempo necessitava para recompor-se.

Foram recebidos com o carinho de sempre. O grupo crescia e agora já contava com mais participantes. Todos foram acomodados para dar início à prece inicial.

O sr. Acácio foi convidado para proferir a prece, no que foi acompanhado por todos.

O tema dos estudos daquela manhã seria o terceiro capítulo de *O Evangelho segundo o Espiritismo*, "Há muitas moradas na casa de meu Pai".

O sr. Arnaldo discorre sobre os ensinamentos contidos nesse capítulo, e os componentes do grupo fazem algumas perguntas às quais o bondoso senhor responde com muita clareza.

Após o estudo, os médiuns já preparados se colocam à disposição de espíritos benfeitores para o atendimento fraterno. Alguns espíritos necessitados de esclarecimento são trazidos pela equipe socorrista, auxiliados e encaminhados às colônias no mundo espiritual.

Findo o atendimento aos irmãos desencarnados, dona Ernestina, envolvida por irmã Amélia, inicia a mensagem de ensinamentos, como ocorria em todo encerramento das atividades espirituais.

— *Amigos queridos, que a paz de Jesus esteja convosco!*

"Nossa alegria é intensa em poder participar deste banquete espiritual onde tantos irmãos nossos foram acolhidos por mãos amigas que os conduzirão às colônias, onde receberão os recursos necessários para o alívio dos reflexos ainda existentes, oriundos de seus males físicos.

Meus queridos, o amor de Jesus é o lenitivo para nosso coração que ainda se debate nas incertezas da vida. Mas é preciso que todos nós façamos a nossa parte. Jesus nos ama e orienta, mas somos nós quem devemos tomar as decisões acertadas para nosso progresso espiritual.

Quando Jesus diz a Pedro que devemos perdoar até setenta vezes sete vezes, ele demonstra que o perdão deve ser oferecido infinitamente, quantas vezes forem necessárias. Não há limites!

Peço a cada um de vocês que, neste momento de paz, olhe para seu interior. Procure ali qualquer sentimento de mágoa ou rancor contra algum irmão. E, encontrando, entregue ao Mestre, neste instante, suas aflições e qualquer ressentimento, suplicando a Ele que a bênção do esquecimento aliada ao perdão possa ser exercitada por todos vocês.

Não percam a oportunidade de se refazer perante as leis divinas, pois elas lhes são oferecidas em todos os momentos. Os encontros e reencontros necessários para superar as desavenças são programados pelo Pai Criador a fim de que todos tenham chance de se redimir. Não se esqueçam!

É chegado o momento da renovação interior! O Evangelho foi trazido pelo Mestre Jesus para nortear todos nós, seus irmãos menores.

Irmãos, que a paz de Jesus esteja com todos!"

Dona Ernestina, envolvida pelos fluidos serenos emanados por aquela mentora querida, abre os olhos marejados de lágrimas, agradecendo pela oportunidade recebida.

O sr. Arnaldo encerra a reunião com a prece do Pai-nosso e, em seguida, oferece a água fluidificada aos presentes.

— Dona Tereza, está tudo bem? — pergunta-lhe o bondoso sr. Arnaldo.

— Melhor impossível! Senti-me muito bem! Recebi um abraço bem apertado de meu velho companheiro, meu esposo querido, que me disse estar emocionado com este nosso encontro.

"Se o senhor me permitir, eu gostaria de continuar ouvindo as palavras tão belas do Evangelho de Jesus. Eu sentia no fundo do meu coração que estava faltando alguma coisa na minha vida. E agora sinto que encontrei o que procurava há muito tempo.

José e Mariana se despedem agradecendo a oportunidade do aprendizado.

Aquele pequeno grupo retorna para a casa de dona Tereza com o coração leve, sentindo uma imensa paz. O silêncio possibilitava a cada um reter todos aqueles ensinamentos no recôndito de sua alma. Parecia que estavam retornando de uma festa divina, de onde saíram refeitos.

Ao chegar a casa já lá estava Elisa, que os esperava com um delicioso suco de maracujá.

— Meus queridos, orei muito a Jesus, e preciso dizer a vocês o que senti ali, diante da imagem do Cristo Redentor — Elisa diz prontamente. — O que senti era que naquele sonho que nós três tivemos, de uma forma muito semelhante, o motivo principal era Renato. Vocês até podem me achar maluca, mas foi isso que senti.

José sente que deve falar o que lhe passou pela mente diante das palavras de irmã Amélia.

— Elisa, hoje lá no grupo de estudos, a mensagem da mentora espiritual foi muito elucidativa. Falava do perdão, do combate ao ódio, da reconciliação. Para mim, ficou tudo muito claro.

"Eu tinha a impressão de que ela falava para mim, pois tenho estudado bastante *O Livro dos Espíritos* e, conforme tenho procurado entender as leis divinas, tem sido mais fácil aceitar certos fatos que ocorreram em minha vida.

E, pouco antes de irmã Amélia trazer sua mensagem, recordei-me literalmente do sonho. E tudo ficou muito claro para mim. Revelações importantes foram feitas a respeito de existências passadas. Acho que consegui banir o ressentimento que ainda existia em meu coração."

Acho que sou meio "casca-grossa" — diz Mariana sorrindo. — Não consegui sentir nada.

— Elisa, você, diante da imagem de Jesus, encontrou respostas. José, no grupo de estudos, recebeu revelações importantes, mas, eu, em momento algum senti algo diferente. Qual seria a razão?

Nesse momento, dona Tereza se integra à conversa, salientando que, talvez por ela guardar ainda uma mágoa muito grande no coração, não conseguisse perceber certos sinais que Jesus queria lhe mostrar. Mas nada impedia que isso viesse a acontecer, se ela quisesse.

— Dona Tereza, apesar de ter sentido que nosso sonho tem alguma coisa em comum com relação a Renato, confesso à senhora que, no meu íntimo, continuo decepcionada com ele, embora nesses poucos contatos que tivemos meu coração tenha sido tocado por um sentimento que eu nunca havia experimentado antes de encontrá-lo.

— Meus queridos, após tantas constatações, quero dizer a vocês que há alguns dias me encontrei em espírito com as queridas Virgínia e irmã Amélia, que me pediram ajuda para aproximar vocês de Renato, pois existem pontos importantes a serem ajustados na vida de vocês.

— Já que estamos todos envolvidos neste assunto — interveio José —, vou lhes contar tudo o que foi mostrado a mim, lá no grupo de estudos, sobre a mensagem de irmã Amélia.

"Mariana, Elisa, prestem bastante atenção a alguns fatos vivenciados por nós em existências passadas. Vou procurar lembrar todos os detalhes que foram revelados."

E assim José comenta os encontros havidos entre eles, as faltas cometidas e suas consequências.

As três mulheres ouvem tudo em completo silêncio e assim permanecem por algum tempo, refletindo em tudo o que foi dito por José.

Elisa fica bastante surpresa com tudo aquilo, pois ainda não consegue aceitar normalmente o contato com os benfeitores espirituais, mas de uma coisa tem certeza: o que José falou vem ao encontro das lembranças que teve a respeito daquele sonho recente.

— Mariana, o que acha de tudo isso? — pergunta Elisa.

— Minha querida irmã, confesso a você que estou dividida. Ainda não tenho a compreensão que José tem adquirido, mas estou disposta a começar a estudar também para tentar entender.

Dona Tereza, insistindo para que José e Mariana ficassem para o almoço, sugere que eles façam uma caminhada à beira do rio, a fim de que o contato com a natureza os ajudasse a refletir sobre todas aquelas importantes revelações. Enquanto isso, Elisa e ela poderiam providenciar o almoço.

Capítulo 22

Enquanto, no plano físico, aquela família se mobilizava para adquirir compreensão para as ocorrências da existência terrena; no plano espiritual, irmã Amélia e Virgínia estavam se aproximando cada vez mais de Fernando, que já não se mostrava tão arredio.

– *Querido Fernando! Podemos conversar um pouco? Como tem passado, meu querido?*

– *Tenho vivido minhas mágoas e sofrimento, buscando ainda respostas para tamanho desprezo que sempre recebi daqueles que deveriam me amar.*

– *Mas acho que temos boas notícias para você! Você estaria disposto a nos acompanhar até a Colônia Maria de Nazaré para lá conversarmos?*

– *Que tipo de notícias? Já me decepcionei tanto que para mim é difícil sentir entusiasmo.*

– *Meu filho, em nome de Jesus, dê-nos um voto de confiança.*

Fernando se cala por um tempo, enquanto as duas amigas se colocam em oração.

– Pois bem, vamos lá. Não tenho mesmo nada a perder!

Chegando à Colônia Maria de Nazaré, Fernando é conduzido a um imenso salão, em cujas paredes um tom azulado muito suave refletia um brilho sutil e o teto transparente deixava a visão do firmamento penetrar, refletindo-se no piso que mais parecia um mármore de intensa brancura.

– Meu querido Fernando, vamos nos sentar e acionar aquela tela, pedindo ao Pai da vida que nos permita, com você, relembrarmos algumas vivências nas quais esse grupo de espíritos ligados pelos laços de amor e ódio tem feito uma trajetória sinuosa.

A partir daquele momento, apresentaram imagens de um passado bem distante, época em que Fernando chefiava uma tribo nômade e, por causa de sua ganância por tesouros, acabara aprisionando um jovem casal – que hoje são Mariana e José –, assim como seus pais – hoje Renato e Elisa. O espírito quc hoje é Joana também fora vítima de suas maldades. Houve muita dor e sofrimento no coração daqueles que eram disputados e vendidos como seres irracionais.

O ódio se instalou naqueles espíritos que muito sofreram, e, nos encontros posteriores, aquela que hoje é Mariana não se predispôs a receber Fernando como filho. Por mais que fosse orientada por seu mentor espiritual, ela se negava a dar a ele a oportunidade da reencarnação. Foram várias tentativas, todas frustradas.

Mariana, por sua vez, conservava sentimentos condenáveis e por várias vezes retornara à Terra, adquirindo mais débitos. Após algumas desditas, começa a lutar contra suas tendências, mas no íntimo o ódio por aquele espírito que se intitulava Fernando não cedia em sua alma.

José, reencarnando também em várias situações de sofrimento, consegue alcançar maior compreensão e, por duas encarnações, retorna como irmão do Renato de hoje. Apesar de não conseguirem ainda uma vida harmoniosa, já haviam minimizado o sentimento de ódio que os prendia.

Elisa e Joana, reencarnando algumas vezes como mãe e filha, praticando graves delitos sexuais, conseguiram se perdoar depois de vários encontros e desencontros, até que foram amparadas por um rico fazendeiro — o atual Joaquim —, que lhes deu a oportunidade de viverem em sua fazenda na condição de escravas. Nessa vivência, Elisa conseguiu sublimar as tendências ao sexo desequilibrado, que trazia de outras eras, enquanto Joana ainda lutava nesse sentido.

Fernando e Renato tiveram alguns encontros tumultuados. Disputaram por várias vezes o amor de Elisa e Mariana. Reencarnaram por duas vezes no período da escravidão no Brasil, como senhores de escravos, e falharam como seres humanos. Em uma das encarnações, Fernando provocou a morte de Renato, em uma disputa de terras. O sentimento de ódio continuaria a invadir aqueles espíritos por muito tempo.

Fernando, depois de ver todas aquelas cenas e de receber de irmã Amélia as explicações, foi se encolhendo de tal forma que mais parecia um feto. Não dizia nada, apenas chorava.

— *Meu querido, tudo isso só lhe foi mostrado para que você medite profundamente. Veja que toda ação gera uma reação. Você atualmente conserva sentimentos muito pesados diante dos últimos acontecimentos, mas agora eu lhe peço, em nome de Jesus, que você permaneça aqui na colônia procurando compreender tudo o que viu e assim irá se preparar para poder retornar à Terra — e dessa vez com sucesso!*

O silêncio toma conta daquele espírito que acabara de tomar conhecimento de situações que até então estavam adormecidas em seu arcabouço espiritual. Ele não sabia o que pensar diante de tantas informações que o deixaram bastante confuso. Finalmente, ele consegue se expressar.

– *Irmã Amélia, confesso-lhe que estou decepcionado comigo mesmo. Até agora eu só me via como vítima, nunca como alguém que praticou tantas maldades. Por que não fui avisado antes? Por que Deus deixou que tudo isso acontecesse?*

– *Fernando, meu querido, Deus cria Suas leis, que são perfeitas. Quando infringimos essas leis, somos nós mesmos que desenhamos nosso futuro espiritual. E, instintivamente, todos nós sabemos o que é certo e o que é errado. Ocorre que interesses materiais, ganância, orgulho, egoísmo são verdadeiros precipícios em que nos atiramos, pois sempre nos deixamos levar pelos sentimentos menos louváveis, procurando tirar provcito de todas as situações.*

"E tem mais, sempre que reencarnamos, somos orientados por um amigo espiritual, que é designado por Deus, e esse amigo nos acompanha durante toda a encarnação. Infelizmente, não damos a ele a atenção devida, porque quando queremos agir de forma equivocada e ele nos orienta ao contrário, registramos em nosso cérebro, mas de imediato repudiamos os conselhos que não venham ao encontro dos nossos interesses imediatos.

Vamos buscar o amparo de nossas irmãs que se dedicam ao auxílio em casos como o seu? Nossa querida Virgínia é a responsável por este departamento de acolhida e o aguarda com todo o amor que seu coração já conquistou."

Fernando, abatido, deixa-se conduzir por irmã Amélia até o pavilhão de reconstrução mental — onde inúmeros dedicados servidores acolhem com carinho a todos aqueles que estão dispostos a buscar novos objetivos para sua vida.

José e Mariana caminham pelas margens do rio que corta a cidade, conversando sobre os últimos acontecimentos. No pensamento de ambos, surge uma pergunta: seria justo alimentarem no coração de Elisa sentimentos negativos com relação a Renato?

José resolve quebrar o silêncio e faz a pergunta que Mariana também fazia a si mesma.

— Mariana, para mim já não incomoda mais a presença de Renato. E para você, que lembranças ainda estão presentes em sua mente?

— José, meu querido, depois de tantos ensinamentos que estamos recebendo, dos avisos que estão vindo até nós, acho que consegui me desligar daquela fase de minha vida e enxergar o quanto sou feliz por tê-lo encontrado.

Um grande alívio toma conta do coração de ambos. Eles sentem que encerraram um ciclo em sua vida e que, daquele momento em diante, tal assunto estaria superado.

Retornando à casa de dona Tereza, Mariana se apressa em arrumar a mesa para o almoço e, durante a refeição, José pede licença para fazer um comentário.

— Elisa, minha querida cunhada, Mariana e eu conversamos muito a respeito dos últimos acontecimentos e queremos lhe dizer que estamos vivendo um momento especial em nossa vida e, sendo assim, pedimos para que você verifique no fundo de seu coração que tipo de sentimento tem por Renato. E, se você tiver por ele algum sentimento de amor, não deixe passar a oportunidade de construir sua família. Estaremos ao seu lado, sempre.

Elisa fica surpresa com as palavras de José. Olha para Mariana, que confirma com um olhar as palavras do marido, e sente naquele instante que, apesar de ter se revoltado ao tomar conhecimento da história de vida de sua irmã, aquele momento de decepção e raiva já havia passado e que no fundo tinha, sim, um sentimento novo e bom com relação a Renato.

Terminaram a refeição buscando outros assuntos, mas todos se sentiam mais leves, e dona Tereza, em silêncio, agradecia a Deus, pois sentia que ali começaria um novo ciclo naquelas vidas.

Chega a segunda-feira e Elisa se dirige ao trabalho pensativa. Será que encontraria Renato no caminho até a escola? Dias antes, ele a estava esperando ali naquela esquina, mas hoje, como seria? Caminha um pouco mais rápido, mas não encontra Renato. Sente uma pontinha de tristeza.

O trabalho naquele dia ficou um pouco mais pesado, pois, por mais que se esforçasse, o pensamento acabava se direcionando para sua vida particular. Lutou muito para que esses pensamentos não interferissem em suas atividades com as crianças.

Hora de voltar para casa. O coração estava ansioso, esperançoso por rever Renato. Os pensamentos a levaram até aquele encontro no jardim, onde a surpresa tomou conta de todos e ela o tratou com frieza. Talvez ele não tivesse mais coragem de procurá-la, pois todo o passado havia retornado, com certeza.

Mas, para sua surpresa, ao virar a esquina antes de sua casa, ali estava Renato. E agora, o que fazer? Passar direto, parar, cumprimentar, ignorar, como agir?

Para alívio de sua alma, Renato se dirige a ela, com voz baixa:

— Elisa, como tem passado? Podemos conversar? Posso acompanhá-la até sua casa?

Sem hesitar, Elisa aceita o convite, acenando com a cabeça.

Rapidamente chegam à residência de dona Tereza, onde Elisa sentia-se em sua própria casa. À vontade, ela pede para que ele a aguarde na varanda. Elisa pede licença para avisar que já chegou e que estaria na varanda, conversando com Renato.

— Elisa, é uma longa história. Você tem tempo de me ouvir?

— Todo o tempo do mundo!

— Confesso que para mim é muito difícil falar sobre esse assunto. Mas, com toda certeza, você já ouviu de sua irmã o que vou comentar. Serei muito sincero com você e peço-lhe para não me julgar. Sei que errei, mas quero lhe contar o meu lado dos fatos.

"Eu tinha apenas 18 anos quando tudo aconteceu. Era muito jovem e não tinha noção nenhuma da vida. Na verdade, era até um pouco irresponsável. Nunca fui uma pessoa que se preocupasse com os outros e, de certa forma, era mimado por meus pais e por minha irmã.

Meu interesse por Mariana foi uma atitude normal para minha idade, e a dela também. Creio mesmo que o que houve entre nós foi mais uma atração física do que um sentimento de amor. Não estou querendo me justificar. Hoje compreendo que minha atitude foi a de um verdadeiro sem caráter. Mas, na época, eu não tinha nenhuma maturidade diante de situações de perigo.

E tem mais: senti medo, muito medo das consequências. Medo do seu pai, e do meu também. Eu me comportei de forma arrogante, mas no fundo eu estava amedrontado e sem ação. Em nenhum momento me vi preso a um compromisso, e por isso fugi.

Quando falei a Mariana que ela teria de dar um jeito na situação, minha imaturidade não me deixou avaliar o alcance de um aborto. Era a primeira vez que isso acontecia comigo, e tudo o que pensava era em sumir por uns tempos. E foi o que fiz.

Na capital, na casa de minha tia, não comentei o assunto com ninguém. E procurava não pensar como Mariana teria agido diante dos fatos. Não podia também falar com meus pais, nem com minha irmã, mas algum tempo depois senti curiosidade em saber como ela conduzira o assunto.

Depois de certo tempo retornei para casa e procurei muito discretamente saber da vida de Mariana. Observei que não havia nenhuma criança na família e deduzi que ela teria mesmo impedido que aquela criança viesse ao mundo. Como em minha casa ninguém tocou no assunto, também me calei. Fiquei pouco tempo por aqui e voltei novamente para a capital.

Passei alguns anos nessas idas e vindas, sem nenhum compromisso com o futuro. Meu pai faleceu, e mesmo sabendo que minha mãe e minha irmã precisariam de mim, não me preocupei em ajudá-las. Nunca fui bom filho, nem bom irmão. Hoje percebo isso e me arrependo.

No dia em que resolvi voltar em definitivo, tive uma enorme surpresa. Acabara de chegar e fui dar uma volta na cidade. Quando voltei para casa, adivinhe quem estava lá? Mariana e o marido!

Minha surpresa foi grande, mas procurei ser natural. Percebi o espanto de Mariana, e sua saída rápida acabou resolvendo a situação de mal-estar. Talvez ela não tenha lhe contado, mas eu a procurei na cidade e a encontrei em uma de suas vindas para entregar os queijos.

Na verdade, eu precisava falar com ela. Era um misto de arrependimento, de cobrança, não sei bem o que eu queria. Foi uma situação bem difícil. Mas ela me colocou em meu verdadeiro lugar!

Depois disso, ainda fiquei meio perdido, desencontrado na vida, até que um dia minha mãe me chamou à razão — e agradeço muito por isso. Naquele dia em que ela cobrou uma atitude de minha parte, me senti um ser desprezível, e vou lhe confessar que fiquei assustado, pois via junto dela a figura de meu pai, apresentando-se com um semblante de profunda decepção.

Elisa, naquele dia, parece que um véu que estava me ofuscando a visão foi retirado. Saí para procurar algum emprego. Dentro de mim, algo dizia que eu não deveria voltar para casa sem ter conseguido alguma coisa concreta. Sem saber por que, acabei me dirigindo à loja de ferramentas do sr. Acácio. Ele havia me socorrido alguns dias antes, quando passei mal no jardim.

Não é um emprego dos meus sonhos, mas foi o que consegui naquele momento. E o sr. Acácio é um homem de grande sabedoria, todos os dias me ensina algo novo. Quando chego à loja sentindo algum aperto no coração ou algum mal-estar, sem que eu diga nada, ele fala exatamente o que preciso ouvir.

Elisa, depois daquele dia em que Mariana e eu conversamos rapidamente, e ela me ordenou que saísse de seu carro, onde entrei de forma atrevida e deselegante, percebi que ela é realmente uma mulher de fibra e que eu estava muito longe de ter o seu valor. Mas também percebi que eu tinha uma dívida com ela, a qual Mariana não fazia nenhuma questão de cobrar.

Hoje, posso lhe dizer, do fundo do meu coração, que consegui ver a vida de outro modo. Valorizo minha mãe, minha irmã... sei que preciso procurar progredir. Estudei, mas não coloquei nada em prática. Preciso retomar meu caminho.

Elisa, quando a vi ainda com aquele hábito de noviça, senti algo muito especial nascer em meu coração, sem entender por quê. Você nem me notou. E, quando depois a vi novamente, despertou em mim um sentimento novo, puro, leve, extraordinário. E eu não poderia imaginar que você era irmã de Mariana. Meu Deus, que mundo pequeno!

Naquele dia em que a acompanhei até esta casa e vi que aqui morava dona Tereza, que eu sabia ser madrinha de Mariana, senti que algo surpreendente estava acontecendo. Mas, ainda assim, não lembrei que Mariana tinha uma irmã. Sua família não chegou a me receber naquela ocasião, apesar de nossas mães terem uma amizade muito intensa. Eu praticamente não ficava por aqui — como eu disse, ia de cá para lá.

Somente quando nos encontramos no jardim e vi vocês todos juntos é que compreendi que o destino me pregara uma peça.

Elisa, abri meu coração a você. Saiba que tudo o que lhe disse é sincero, real e verdadeiro."

Naquele momento, o silêncio reinou entre os dois. Elisa a tudo ouvira com atenção e experimentara várias sensações. Surpresa, tristeza, compaixão, dúvida, enfim, seus pensamentos seguiam em várias direções.

— Renato, minha irmã sofreu muito com tudo aquilo. De fato, a criança foi abortada, por decisão de nossa mãe, que também se apavorou diante da situação. O medo do escândalo, dos comentários, dos julgamentos, da reação de meu pai fez com que minha mãe se decidisse por praticar um crime. Mariana, quase uma criança, foi levada a participar desse crime, pela decisão de nossa mãe.

"Eu era ainda muito nova e nem fiquei sabendo de nada. Como me disse Mariana, ela e mamãe fizeram um pacto de que esse assunto não seria comentado com absolutamente ninguém. Somente há pouco tempo é que Mariana contou tudo isso a José. Imagine como o casamento deles ficou abalado! José é uma excelente pessoa, um homem que está buscando conhecimento espiritual, e isso ajudou muito para que todos esses fatos fossem superados por ele.

Não vou negar, quando Mariana me contou tudo isso, senti muita raiva de você. Disse mesmo que, se o encontrasse na rua, iria ignorá-lo. Estava decidida a isso. Mas aconteceu algo muito surpreendente. Começamos a ter sonhos reveladores, uma espécie de visões, e isso aconteceu ao mesmo tempo comigo, com Mariana e com José.

Não tenho conhecimento sobre esse assunto, mas dona Tereza, pessoa que respeito muito, tem me dado explicações muito lógicas, o que tem me ajudado a compreender esses sonhos e pressentimentos."

Renato fica muito curioso e, desejando saber que tipo de sonhos eram esses, faz muitas perguntas a respeito. Mas Elisa se limita a falar superficialmente, pois mesmo ela ainda não se sente muito à vontade para comentar os detalhes.

— Renato, quando for possível, pedirei a dona Tereza que lhe explique sobre esse assunto, pois ela é a pessoa mais indicada. Agora, se você não se importar, preciso entrar.

— Mas como ficamos? — pergunta Renato. — Posso ter esperanças de você ter me entendido? Você me dará uma chance para que eu mostre que mudei, que hoje vejo a vida de modo diferente?

Capítulo 23

Elisa estava aflita para conversar com dona Tereza. Precisava contar tudo o que Renato acabara de lhe falar. Ela, com sua sabedoria, poderia aconselhá-la com muita propriedade.

— Renato, amanhã conversaremos, pode ser? Por hoje, creio que já conversamos o suficiente.

Após as despedidas, Elisa se apressa em chamar por dona Tereza, que preparava o jantar.

Durante a refeição, Elisa relata tudo o que foi dito por Renato. Muitas coisas dona Tereza sabia, pois, como madrinha de Mariana, tinha conhecimento de alguns episódios dessa história.

Dona Tereza, ouvindo tudo, completa com uma pergunta:

— Elisa, o que você pensa de tudo isso? Dará um voto de confiança a Renato?

— Dona Tereza, estou procurando no fundo do meu coração uma resposta. Como já falei, Renato despertou em mim um sentimento muito puro, mas quando penso em minha irmã, sinto um aperto no peito e me pergunto: será que não vou machucá-la mesmo? Será que ela poderá conviver com ele, sem se lembrar do que houve entre eles? Precisarei ter uma conversa definitiva com Mariana, antes de dar minha resposta a Renato.

— Sei que Mariana virá amanhã até a cidade e, certamente, até aqui, não é mesmo? Falarei com ela e, depois, tomarei minha decisão.

Realmente, no dia seguinte, Mariana traz os queijos para sua freguesia e vai até a casa da madrinha, onde no final do dia José iria buscá-la para juntos retornarem ao sítio.

Com a chegada de Elisa, durante o café oferecido por dona Tereza, as duas irmãs conversam a respeito da atitude de Renato no dia anterior. Mariana ouve todo o relato de Elisa e recorda-se do passado, mas, para sua surpresa, pela primeira vez ela não sente revolta.

— Elisa, minha querida irmã, dou a você a minha palavra de que não vou me incomodar com qualquer decisão que você tomar. Se você sentir amor por Renato, aceite namorá-lo. Tenha certeza de que José e eu aceitaremos com toda a compreensão necessária, e desde já você pode estar certa de que, em momento algum, os fatos do passado vão interferir em nosso presente. Vá em frente minha irmã, seja feliz!

As duas irmãs se abraçam emocionadas. Irmã Amélia e Virgínia trouxeram Joana até a presença das filhas, pois ela ainda sofria muito por tudo o que fizera. Embora estivesse vivendo em uma colônia de recuperação, ainda sentia os efeitos do ato praticado nessa sua última existência, que, somado a outros débitos do passado, precisavam ser revistos.

Elisa sente-se mais leve. Ouvindo as palavras da irmã, seus sentimentos vão se acomodando dentro do peito e ela começa a amadurecer a ideia de formar uma família com Renato.

No dia seguinte, Renato não procura Elisa, pois, logo após a conversa que tivera com ela, vai à procura do padre Benedito para se aconselhar. Ouve do padre algumas ponderações, inclusive que deveria dar um tempo para que Elisa resolvesse suas questões de foro íntimo.

Naquela tarde, Elisa resolve entrar na igreja antes de retornar para casa. Faz suas orações e, quase na saída, encontra padre Benedito. Sente uma imensa vontade de conversar com o bondoso sacerdote e lhe pede alguns minutos de atenção. Ela relata ao padre toda a conversa com Renato, com Mariana, com dona Tereza, enfim, abre seu coração, pedindo um aconselhamento.

Padre Benedito, ponderado como sempre, fala da importância do amor e do perdão. Sem procurar influenciar, ele mostra a Elisa que a vida é um bem precioso, que todos nós devemos preservar. E que, quando se atenta contra ela, fere-se a lei de Deus. Mas todos os seres criados pelo Pai Maior têm oportunidade de se redimir. Com palavras sábias, ele diz a Elisa que a decisão dela deveria ser pautada na sinceridade, acima de tudo.

Ao retornar à sua casa, Elisa caminha com os pensamentos bem distantes. Recorda-se dos anos em que viveu no convento e de quantas vezes chorava de saudades da família, desejando retomar a vida junto da irmã e dos amigos, e agora estava diante de uma decisão que poderia mudar sua vida. Está divagando e nem percebe que Renato se aproxima.

— Elisa, você está bem? Já a chamei por duas vezes e você nem olhou para trás!

— Renato! Nem percebi que você estava aí! E ainda disse que me chamou! Meu Deus, eu estava mesmo muito longe! Retornei ao passado e fugi do presente!

— Podemos conversar? — pergunta o rapaz, já um tanto preocupado com a resposta.

— Sim, Renato, precisamos conversar. Vamos até minha casa.

Dona Tereza fica feliz ao ver o casal aproximando-se e se apressa em abrir a porta. Recebendo Renato com um sorriso repleto de bondade, pergunta sobre a saúde de Rosa e de Helena, pois havia algum tempo não as via mais na missa do domingo.

— Ah, dona Tereza, mamãe não está bem, já não consegue sair de casa. E Helena sempre zelando, acaba também ficando presa para cuidar de nossa mãe.

— Bem, deixarei vocês conversando e vou preparar um café — diz a bondosa senhora.

— Dona Tereza, se a senhora não se importar, eu gostaria de saber sobre os tais sonhos reveladores que Elisa comentou, o que me deixou muito curioso.

— Sim, meu caro, farei o café e, em seguida, poderemos conversar.

Renato, ansioso, faz muitas perguntas a Elisa a respeito da conversa que tiveram e do encontro que ela teve com Mariana.

— Sim, Renato, conversei com minha irmã. Ela é uma pessoa muito querida e me deixou completamente à vontade para decidir o que julgo melhor para minha vida. Ela quer que eu seja feliz e me garantiu que, seja qual for a minha decisão, estará sempre ao meu lado.

— Mas, e você, conseguiu perdoar meus atos de imaturidade? Conseguiu compreender que hoje sou um homem diferente? Como eu lhe disse, passei muitos anos errando em minhas atitudes, mas nestes últimos tempos consegui, graças ao amor de minha mãe e de minha irmã, despertar para a vida. Parece que fiquei adormecido a maior parte de minha vida e agora enxergo coisas que antes eu nem imaginava que pudessem ferir ou magoar as pessoas. Só posso lhe dizer que o sentimento que despertou em meu coração desde aquele nosso primeiro encontro é um sentimento puro, comprometido com a sinceridade, pode ter certeza.

— Já não sou mais um jovenzinho e hoje vejo as coisas de outra maneira. Você pode confiar em mim, Elisa, eu realmente a estou amando.

— Renato, também estou sentindo por você algo que era desconhecido para mim. Nunca tive um namorado, mas, no fundo do meu coração, sempre esperei encontrar alguém que despertasse em meu coração um sentimento forte.

Dona Tereza retorna com o café saboroso, cujo aroma perfuma a sala. Aquele ato de amizade tocou fundo o coração de Renato, pois ele ainda temia que dona Tereza não o aceitasse, uma vez que ela era madrinha de Mariana e certamente conhecia todo o seu passado.

— Dona Tereza — diz Renato —, a senhora pode me falar agora sobre os tais sonhos de Elisa, Mariana e José? Desde o dia em que Elisa falou sobre isso, fiquei muito curioso. Principalmente porque também já tive alguns sonhos que me deixaram meio confuso e para os quais até agora não encontrei explicação.

A bondosa senhora fala em sua simplicidade sobre o significado daqueles sonhos, dentro do seu entendimento. Fala que já havia recebido muitas explicações do compadre João, que vivia no mundo dos espíritos, ensinando que ninguém morre, que todos nós apenas deixamos o corpo de carne e vamos para lugares bonitos ou não, dependendo do que fizemos por aqui.

— Renato, tenho certeza de que podemos conversar com aqueles que já deixaram a Terra, e os sonhos são simplesmente esses encontros. E, quando isso acontece, sempre há um bom motivo. Nos sonhos que você está curioso para saber, foi isso que ocorreu. Foi mostrado que você, Elisa, José, Mariana e, desculpe-me a franqueza, aquele espírito que deveria ter vindo e que vocês não deixaram, todos vocês formam uma família espiritual. E que essa família é bem antiga e está junto de novo para poder se amar, sem nenhum ponto de rancor. Sendo assim, vocês estão unidos por laços que não são desatados com a morte.

"Digo 'vocês', mas sei que também faço parte dessa família, pois tenho um especial carinho por todos vocês. Se não fosse assim, eu não teria batizado Mariana, não teria acolhido Elisa e não estaria aqui agora, recebendo você em minha casa, desejando que vocês sejam felizes."

Nesse momento, Renato sente que já não existe mais aquele Renato do passado. Sente um profundo arrependimento por não ter sido um bom filho, nem um bom irmão, muito menos um homem de bem. Sente-se muito pequeno ao lado daquela senhora simples, praticamente sem estudo, mas dotada de imensa sabedoria.

— Dona Tereza, muito obrigado por suas palavras. Preciso aprender muito com pessoas como a senhora. Seu carinho me toca o coração, e lhe agradeço do fundo de minha alma pela confiança que já sinto em seu olhar.

— Bem, meus queridos, pelo que entendi, vocês estão dispostos a se conhecer e a planejar um futuro juntos. Acertei? —

dona Tereza, muito objetiva, como sempre, os envolve com terno sorriso.

— De minha parte, é isso o que mais quero — afirma Renato.

— Bem, posso dizer o mesmo — apressa-se em afirmar Elisa.

Renato beija as mãos de Elisa e sente que ali começa um novo ciclo em sua vida.

— Elisa, hoje mesmo conversarei com mamãe e com Helena. Acho que elas ficarão muito felizes.

— Gosto muito de sua família, Renato. Ainda lembro que, quando criança, mamãe me levou à sua casa por várias vezes, e eu sempre ficava no quintal, brincando com os cachorros. Mas acho que nunca nos vimos por lá, pelo menos não me lembro.

Mais um tempo de conversa se passa e Renato se despede, pois estava ansioso por conversar com sua família a respeito de Elisa. Queria trazê-la à sua casa, para que Helena e sua mãe pudessem ver como ela se tornara uma moça meiga e muito bonita.

Capítulo 24

Elisa, fervorosa na fé, agradecia de modo especial a tudo o que estava acontecendo em sua vida. E, naquela noite, encontros agradáveis estavam programados. Adormeceu, desprendeu-se do corpo físico e se viu diante de seus pais. Mesmo em espírito, ela ficou surpresa, pois como já haviam falecido, nunca pensou ser possível falar com eles, mesmo que em sonho!

— *Filha amada! Que alegria poder abraçá-la! Não se assuste, pois, na realidade, ninguém morre; apenas deixamos o corpo, mas espiritualmente estamos vivos. Sua mãe e eu ainda somos seus pais e a amamos muito! Já estive várias vezes a seu lado, minha filha, especialmente quando você, lá no convento, se achava triste, sozinha, apesar de estar junto de outras moças que, como você, também buscavam um rumo para a vida. Eu sabia que seria uma fase e que seria muito importante para você. Quando você se decidiu retornar à vida em sociedade, nossos amigos espirituais nos esclareceram que você tinha algumas tarefas a desempenhar e, por esse motivo, mudaria a diretriz de sua vida.*

"Minha Elisa" — diz Joana, abraçando a filha, em lágrimas —, *"deixei-a ainda tão nova e sofri muito. Não só por isso, querida, mas por*

várias faltas que cometi, as quais você já sabe. Quero lhe pedir perdão, da mesma forma que quero pedir perdão a Mariana."

— Estou muito emocionada por poder abraçá-los. Estou vivendo um momento especial em minha vida. Vocês sabem do que estou falando?

— *Sim, querida, e é por esse motivo que estamos juntos nesta noite, para lhe dizer que abençoamos você e Renato, pois ambos também têm compromissos a cumprir. E nós continuaremos orando a Deus para que tudo o que foi programado possa acontecer sob as bênçãos do Pai. O reencontro de vocês obedece a caminhos já traçados há muito tempo! E os demais familiares também estão ligados na mesma trajetória, e cada um em seu momento cumprirá seu papel.*

Após abraços carinhosos entre pais e filha, Elisa desperta com um imenso sentimento de paz e de saudade de seus pais. Dentro dela ficou uma certeza: seus pais estiveram ali e aprovaram seu namoro com Renato — disso tinha certeza.

Renato, ao chegar a casa naquele dia, estava com um semblante sereno. Sua mãe, mesmo já bastante debilitada, percebeu que seu filho tinha um brilho diferente no olhar. Após o jantar frugal que Helena havia preparado, Renato pede para que elas o ouçam, pois tinha um assunto muito importante para lhes falar.

Mãe e filha ficaram surpresas e aguardavam as palavras de Renato, já imaginando que ele poderia ter sido dispensado do trabalho na loja de ferramentas. Estavam caladas, esperando que Renato as colocasse a par dos acontecimentos.

— Minhas queridas, estou vivendo um momento muito importante em minha vida. Confesso a vocês que nunca me senti útil e agora tenho certeza de que perdi muito tempo na ociosidade. Desde que a senhora, minha mãe, me mostrou o quanto eu estava acomodado, manifestando a necessidade de se ter um trabalho, venho pedindo perdão a Deus pelo mal que acabei causando a tanta gente. Vocês me pouparam por muito tempo, e fui me omitindo de deveres sagrados.

"O trabalho lá na loja é muito simples, na realidade, preciso buscar outra colocação melhor, pois tenho planos para o futuro e é sobre isso que quero lhes falar.

Vocês se lembram de Elisa, a irmã de Mariana?"

— Com certeza! É aquela que entrou para o convento? Já deve ter se ordenado freira.

— Como vocês não têm mais saído de casa, estão desinformadas. Pois saibam que Elisa deixou o convento há algum tempo e está residindo com dona Tereza, a madrinha de Mariana.

Renato relatou à família desde o primeiro dia em que viu Elisa e não a reconheceu. Falou sobre os encontros que tiveram, sobre suas conversas, somente omitindo o assunto do aborto de Mariana. Conforme falava, demonstrava que estava realmente apaixonado, e Helena e Rosa acompanhavam toda a emoção do momento.

— Meu filho, que alegria você me dá com essa notícia! Sempre gostei muito de Mariana, Elisa, Joana, enfim, de toda a família. Você sabe que eu e Joana fomos muito amigas! Traga Elisa aqui em casa para podermos nos abraçar.

Já no dia seguinte, Renato combina com Elisa que no sábado iriam até sua casa, para que o reencontro com a família pudesse acontecer. Ela sentia que Renato tinha pressa naquela aproximação. Não sabia explicar o porquê, mas ela também tinha muita vontade de se unir a Renato o mais rápido possível.

— Elisa, tenho a sensação de que devemos nos unir muito em breve. Não sei bem o motivo, mas no íntimo é como se o tempo estivesse me cobrando algo. Escrevi a titia lá na capital contando sobre nós, pois eu a quero como a uma verdadeira mãe.

Naquele sábado, Elisa, ao final da tarde, chega à casa de Rosa e é recebida com muito carinho.

Foram muitos os abraços, e a conversa seguiu animada, relembrando fatos desde a infância de Elisa, e, certamente, a todo momento, a figura de Mariana era lembrada, pois a amizade entre ela e Helena vinha desde os tempos de criança.

Renato e Elisa, ao retornarem à casa de dona Tereza, acabam decidindo que o namoro deles seria muito curto e que deveriam pensar em marcar o casamento para muito breve.

O domingo estava lindo! Elisa despertou muito feliz, já se arrumando para ir à missa, enquanto dona Tereza se preparava para ir à reunião no grupo espírita, pois dali a instantes José e Mariana chegariam, a fim de que juntos fossem àquele compromisso já sagrado para eles.

A reunião foi muito proveitosa, como sempre, e o grupo saiu daquele ambiente muito fortalecido. Já se tornara um hábito o almoço de domingo na casa de dona Tereza, e naquele em especial havia muita empolgação.

Renato, convidado para o almoço, chega com duas garrafas de bebida, pois entendia que, por ser convidado pela primeira vez a participar daquele encontro familiar, deveria ser gentil.

José havia superado totalmente a animosidade que por algum tempo se agasalhara em seu coração e foi ele mesmo quem recebeu Renato na varanda. Chegaram a conversar sobre amenidades, enquanto as mulheres concluíam o preparo do almoço.

Renato e Elisa estavam ansiosos para falar com Mariana sobre sua decisão de marcar a data do casamento para breve e esperavam o momento certo.

— Mariana, minha querida irmã — diz Elisa para abordar o assunto —, vocês serão os primeiros a saber de nossa decisão. Renato e eu decidimos nos casar muito em breve. Não temos recursos, mas temos nosso trabalho, que embora modesto já é o início. Na realidade, ainda não temos nada para construir nossa própria família, mas juntos vamos batalhar para conquistarmos nosso lar.

— Elisa, também tenho algo a lhe dizer — diz Renato, fazendo certo suspense. Lembra-se de que eu lhe disse que havia escrito para minha tia Eunice, lá da capital, falando sobre nós? Pois bem, ela já respondeu minha carta, convidando-nos para morar com ela lá em São Paulo.

— Que surpresa! Não conheço São Paulo, mas pelo que sei é um lugar de muito progresso e que oferece oportunidades a todos! Você tem planos para morarmos lá?

— Sim, Elisa, é uma cidade que muito me atrai. Se você concordar, posso falar para tia Eunice que temos interesse em aceitar o convite. Ela me falou também que a loja de móveis que meu primo abriu lá, no bairro da Lapa, está progredindo bastante, e que eu teria chance de trabalhar com ele.

Mariana, José e dona Tereza observavam o entusiasmo de Elisa e José, e ainda não haviam se pronunciado a respeito do assunto, diante da euforia que ambos demonstravam.

Capítulo 25

O dia amanheceu frio, e Helena, como fazia todas as manhãs, vai ao quarto da mãe para auxiliá-la na higiene pessoal. Lá chegando, depara com uma cena dolorosa. Rosa estava imóvel, com os olhos abertos e estáticos. A pobre moça se desespera, gritando por Renato, que se preparava para ir ao trabalho e, diante do desespero da irmã, sente que algo grave estava acontecendo. Ao ver a mãe naquela posição, rígida, procura ouvir seu coração, mas nada sente. Ele compreende que ela já estava morta. Tenta explicar para Helena, mas ela está em desespero, pedindo para que ele vá correndo chamar o médico da família, que reside a duas quadras dali.

Renato sai correndo e, em pouquíssimo tempo, chega com o dr. Oswaldo, que confirma a morte de Rosa. O sofrimento que se abate sobre aqueles dois filhos naquele momento é inenarrável.

Renato sai para as providências necessárias, dirigindo-se primeiramente à casa de dona Tereza, que juntamente com Elisa se apressa em se unir a Helena para ajudá-la a vestir a mãe e se preparar para o velório.

Renato pede ao motorista de praça, amigo da família, que vá até o sítio de José e Mariana para dar-lhes a triste notícia.

Em pouco tempo, muitos amigos já estavam na casa onde reinava a tristeza diante daquele quadro emocionante, em que a filha dedicada velava a mãezinha querida.

Como era hábito nas cidades interioranas, o velório acontecia na sala da residência e o cortejo fúnebre até o cemitério era feito a pé pelas ruas da cidade.

Assim, encerra-se a existência material de Rosa, mulher corajosa que enfrentou muitas dificuldades e suportou a longa enfermidade com fé e coragem.

Ao retornarem do cemitério, os dois irmãos se abraçam para chorar a sua dor e refletir sobre o futuro de cada um. Renato, naquele momento, pensa na irmã, que tinha como objetivo principal de sua vida os cuidados com a mãe. Já fazia algum tempo Helena se mostrava cansada, abatida, mas não se entregava, pois se dedicava ao trabalho doméstico com imenso carinho.

Naquele momento, Renato percebe que agora seriam ele e a irmã. Seus planos para o casamento e a ida para São Paulo precisariam sofrer algumas alterações. Resolve não pensar em nada naquele momento, pois conversaria com Elisa, que certamente teria uma palavra amiga.

Aquela noite foi de profunda tristeza para Helena e Renato. Não conseguiam conciliar o sono, embora o cansaço físico fosse grande. As lembranças traziam lágrimas de saudades de um passado que não retornaria. Já pela madrugada, no silêncio de seus quartos, os filhos de dona Rosa acabaram vencidos pela fadiga daquele dia tão triste em sua vida.

Renato, embora abatido, dirige-se à loja de ferramentas para cumprir com sua obrigação, mas o sr. Acácio, com sua amabilidade costumeira, o dispensa do trabalho para que ele possa com a irmã tratar de assuntos que certamente teriam de ser enfrentados.

Helena expressa a Renato seu desejo de passar alguns dias na casa de tia Eunice, pois por várias vezes tivera de recusar o convite diante da doença que havia muito prendia Rosa em casa.

— Minha irmã, que excelente ideia. Acho que deveria também aproveitar a ida à capital para se consultar com bons médicos, pois você está precisando cuidar mais de sua saúde — apressa-se Renato a incentivar a irmã.

Em dois dias Helena segue rumo a São Paulo, e Eunice, que a esperava na estação de trem após receber o telegrama avisando de sua chegada, abraça comovida a sobrinha querida, que não via havia bastante tempo.

— Tia, que saudade! Como é bom poder receber seu abraço neste momento!

Helena se vê cercada pelo carinho dos primos e sente-se mais tranquila diante daquela recepção tão afetiva que lhe fora oferecida. Lembrando-se da recomendação de Renato, pede à tia que a ajude a buscar um médico que possa avaliar seu estado de saúde.

Pelas duas semanas seguintes, Helena vai às consultas médicas, realiza os exames solicitados e sente-se mais tranquila na presença dos familiares. As primas dedicadas se preocupam em lhe mostrar pontos turísticos da capital, procurando proporcionar dias mais felizes a Helena.

Ao retornar ao médico, já com os exames realizados, Helena é informada de que sua taxa de açúcar no sangue estava acima do normal, o que justificava seu cansaço constante. As avaliações cardíacas também acusaram uma arritmia que necessitava de tratamento. Mesmo diante dessas informações, Helena intuía que havia mais alguma coisa, pois em alguns momentos sentia um enorme vazio, dando-lhe a sensação de que seus pulmões não davam conta de absorver o oxigênio necessário. Mas, como os médicos nada encontraram, ela entende que era uma cisma apenas. Tia Eunice, que a tudo acompanhara, a aconselha a ficar mais alguns dias em sua casa, para poder se recuperar de tantos esforços que ultimamente lhe foram exigidos.

Um mês já se passara desde a desencarnação de Rosa e finalmente Helena decide que é hora de retornar. Já estava mais disposta, pois iniciara o tratamento médico e, com a presença dos primos, até sorria com certa naturalidade.

As despedidas foram emocionadas, pois a vida deveria continuar, e Helena sabia que o vazio seria grande, mas não se podia modificar os desígnios do Pai.

Elisa e Renato aguardavam a chegada de Helena para juntos poderem planejar o futuro. Pelo grande carinho que os unia, sentiam que deveriam se apoiar mutuamente.

— Renato, tia Eunice lhe enviou esta carta dizendo que aí estava uma proposta de trabalho daquele seu primo Teodoro, que montou a loja de móveis que ele tanto queria desde os tempos em que vocês estudaram juntos.

— Obrigado, minha irmã. Teodoro sabia que meu desejo seria retornar à capital e me prometeu que, caso conseguisse se estabelecer, me convidaria para trabalharmos juntos.

Elisa fica surpresa, pois Renato nunca havia lhe falado sobre isso, mas no fundo gostaria de poder viver em São Paulo, cidade que ela ainda não conhecia.

Renato prefere nada dizer a respeito naquele momento, pois nem mesmo ele tinha claro em sua mente o que fazer no futuro. O casamento já estava marcado para se realizar dentro de sessenta dias, e tanto ele como Elisa já haviam acertado que ficariam vivendo ali naquela casa em que passara sua infância, principalmente agora que Helena ficaria sozinha. A velha casa estava bem deteriorada já fazia algum tempo, mas tinham plena consciência de que, no momento, a situação financeira não permitiria nenhuma providência nesse sentido.

A casa era ampla, rodeada por várias árvores e plantas, e tivera sua imponência no passado. No entanto, fazia muitos anos vinha sofrendo o desgaste do tempo, e, financeiramente, a família não tivera condições de conservar aquele imóvel de linhas aristocráticas.

Capítulo 26

A mudança na vida de Renato e Helena, com a partida da mãezinha, foi marcante, pois, apesar de estar completamente dependente de cuidados, Rosa representava um porto seguro para os filhos, por sua meiguice, doçura e energia amorosa, quando necessário.

Mariana e Helena deram todo o suporte a Elisa quanto aos preparativos para o casamento, e rapidamente chegara o grande dia.

Dona Tereza estava eufórica, pois com a ajuda de Mariana cuidara do bolo do casamento, e juntas preparam também o almoço que seria servido aos poucos amigos convidados.

Renato, Helena e o sr. Acácio, seus padrinhos, já estavam no altar aguardando a chegada da noiva. O bondoso padre Benedito, já paramentado, preparava-se para realizar a cerimônia.

José, Mariana, padrinhos da noiva, chegavam com dona Tereza e Elisa, que, ao ver os amigos que a aguardavam, sente-se profundamente emocionada.

Em uma cerimônia simples, padre Benedito falou sobre a bênção da família, do lar, dos encontros proporcionados pelas bênçãos de Deus e da importância dos sentimentos que devem unir as pessoas. Enfatizou os exemplos de Jesus diante das dores e sofrimentos que acabam visitando a todos, e salientou que a vida é presente divino e que o aconchego do lar é o porto seguro de toda a humanidade.

Dona Tereza, em sua sensibilidade mediúnica, registrava a presença dos compadres Joaquim e Joana, felizes junto das filhas amadas. Virgínia, que tinha um especial afeto por todos, envolvia com carinho tanto o filho José como os demais. Irmã Amélia amparava Rosa, que já tinha conhecimento de seu retorno ao plano espiritual, mas sentia-se ainda enfraquecida diante da prolongada doença.

Rosa estava imensamente emocionada na presença dos filhos queridos e de Elisa, que agora fazia parte da família. Seu esposo, também a seu lado, procurava ampará-la com seu carinho.

A igreja matriz estava repleta de uma luz azulada, e naqueles corações amorosos vibrava um profundo amor com o qual espíritos amigos envolviam aquele grupo de irmãos que se reencontravam mais uma vez nas sendas da vida material.

A um canto da sala estava o Espírito Fernando, agora já mais tranquilo, desde que fora acolhido amorosamente por Virgínia e irmã Amélia. Essas duas abnegadas irmãs preparavam Fernando para o retorno e oravam muito para que ele fosse aceito pelos futuros pais.

Ao fim da cerimônia, os noivos felizes se dirigem à casa de dona Tereza, juntamente com os padrinhos e uns poucos amigos, onde seria servido um almoço simples, mas preparado com muito carinho. Helena, Mariana e mais duas amigas cuidaram de servir a todos.

Elisa estava muito feliz. Durante a cerimônia, sua sensibilidade permitiu que ela registrasse a presença dos pais, pois agora já aceitava com maior naturalidade aquele convívio com os "espíritos". Durante o convívio com dona Tereza, ela foi tomando conhecimento da continuidade da vida e da possibilidade da comunicação entre os "vivos e os mortos", como costumava dizer.

Mariana e José estavam felizes e demonstravam uma paz imensa, o que trouxe a Elisa muita felicidade e confiança de que teriam um bom relacionamento. Renato também foi acolhido pelos cunhados e, aos poucos, foi se tranquilizando em sua companhia. Por alguns momentos recordou-se dos encontros anteriores, principalmente com José, quando o clima ficou bastante difícil, mas procurou esquecer o passado e mentalizar uma nova vida com aquela sua nova família.

Aos poucos os amigos foram se despedindo, e os últimos a deixar a casa de dona Tereza foram José e Mariana, que auxiliaram na arrumação, com Helena, Renato e Elisa.

Tudo em ordem, era hora da despedida. Elisa, muito emocionada, abraça dona Tereza com todo o amor que havia em seu coração. Entre lágrimas e soluços, ela não se cansava de agradecer por todo o carinho que recebera, a acolhida, as orientações, o apoio, enfim, tudo o que dona Tereza lhe proporcionara desde o dia em que ali chegara, tímida, insegura e buscando a segurança de um lar.

Apesar de a casa de Renato ficar muito próxima, dona Tereza já sentia o vazio que novamente tomaria conta de sua vida, pois já se acostumara com a presença de Elisa. Porém, entendia que aquela moça que ela admirava muito merecia ter seu lar, sua vida, sua família.

Helena estava radiante em receber a cunhada. Com sua habilidade na costura, havia providenciado cortinas novas e dado um novo visual ao quarto que sua mãe ocupara, procurando oferecer a Elisa um ambiente agradável. Apesar de sentir-se cansada, Helena fez questão de demonstrar o quanto estava feliz com aquele casamento.

A vida já havia voltado ao normal. As atividades de cada um, fora de casa, traziam o sustento para aquela pequena família, e Elisa se desdobrava para colaborar nas tarefas domésticas, pois percebia a fraqueza orgânica que tomava conta de Helena.

Mesmo tendo consultado os médicos da capital e não tendo sido constatado nenhum problema de maior gravidade, Helena não se sentia bem. Uma forte melancolia tomava conta de sua alma. Ela já não se interessava pela vida, e por várias vezes rogava a Deus que a levasse para junto da mãe. Não conseguia mais sorrir. Por mais que se esforçasse, sentia um enorme vazio.

Renato e Elisa, muito preocupados, insistiam para que Helena procurasse atendimento na cidade de Santa Bárbara, pois ali havia mais recursos. E assim foi feito. Elisa, acompanhando a cunhada, tudo fazia para ser útil àquela que considerava uma irmã muito querida.

Desta vez, Helena se queixava de dores nas costas. O médico solicitou alguns exames, pois observara que a respiração estava um pouco alterada, bem como a cor da pele se apresentava opaca, descorada.

Nos dias marcados, Elisa mais uma vez, ao acompanhar Helena para a realização dos exames, estava preocupada, pois algo lhe dizia que teriam notícias desagradáveis. No fundo do seu coração, acentuava-se um pressentimento de que Helena estava acometida por algo grave.

As preocupações de Elisa se confirmaram. O diagnóstico foi doloroso para todos. Os resultados dos exames revelaram que Helena apresentava um tipo de tumor bastante grave instalado em um dos pulmões. Renato, profundamente abalado, pede a ajuda de tia Eunice para levar Helena para São Paulo, pois ali os recursos eram maiores.

Em uma semana, Helena chega à casa de tia Eunice. Renato obteve licença para poder acompanhar a irmã nessa viagem e, com o apoio dessa tia adorada, Helena começa a fazer o tratamento no Hospital do Câncer, encorajada pelas primas e pelo irmão.

Naquela noite, Helena adormece rapidamente, pois o cansaço era imenso. Aquela alma sensível, durante o sono, ao se despreender do corpo físico, recebe o abraço carinhoso da mãe amada, que a aguardava em companhia de irmã Amélia.

— *Filha amada, o amor que nos une haverá de lhe dar forças para enfrentar esta prova redentora. Sei de sua coragem e fé, e o amor que você recebe de Renato, de Elisa, da tia querida, dos primos, enfim, são muitos corações que a envolvem no mais puro sentimento.*

"Querida, quando a recebi em meus braços como filha amada, foi um reencontro abençoado por Deus e juntas caminhamos por várias décadas, você sempre se comportando mais como mãe do que como filha. Sua dedicação a seu pai, a mim, a Renato são frutos de sua capacidade de amar. E isso você conquistou ao longo dos séculos, ao acumular, em

seu coração, tanto amor, energia e dedicação ao próximo. Minha querida, você há muito tempo é nosso anjo protetor.

Nossa irmã Amélia, sempre solícita, respondeu às minhas dúvidas sobre a necessidade de você enfrentar esta prova. Eu questionava, porque você é dotada de tanta bondade e não merecia passar por nada disso, segundo meu pequeno entendimento. Querida, ela me disse que alguns levam dificuldades apenas para exemplificar a fé e a coragem, servindo de espelho para outros que não têm a mesma fibra, e que este é o seu caso. Então, amada filha, nesta fase difícil, você certamente será amparada pelos mensageiros do amor do Cristo."

Helena, ao acordar, recorda-se com carinho de sua mãe, sentindo ainda seu amor a envolvê-la, e um conforto imenso toma conta de seu coração.

Capítulo 27

Helena inicia as sessões de quimioterapia e se debilita muito. Seu estado de saúde se agrava bastante e ela já não tem nenhuma disposição para realizar as tarefas às quais estava habituada. Como sempre foi uma pessoa ativa, está muito deprimida ao ver que em nada pode contribuir para as tarefas da casa, mas recebe muito carinho de Elisa e de Renato, que a tratam com toda a gentileza e compreensão.

Mariana também faz o possível para auxiliar a amiga e ora muito a Deus para que a proteja nesses momentos tão dolorosos. E, como tem acompanhado José nas reuniões espíritas, já adquiriu algum conhecimento quanto à sobrevivência da alma, procurando utilizá-lo no amparo a Helena.

José já está atuando como médium, pois durante todo o período em que se dedicara ao estudo e ao conhecimento da mediunidade, já fora orientado pelo sr. Arnaldo que poderia auxiliar Helena por meio do passe, uma vez que ela já não tem condição de participar da reunião pessoalmente diante da imensa debilidade física em que se encontra.

Seis meses se passaram desde que o diagnóstico foi apresentado, e Helena necessita de uma internação hospitalar. Ali permanece por trinta dias, até que naquela manhã fria ela se desliga do corpo físico, sendo acolhida por seus pais e por irmã Amélia, que aguardavam o desligamento dos últimos liames que ainda a prendiam àquele corpo que fora abatido pelo câncer.

Helena, já semiliberta da matéria, vê seus pais e sente um imenso alívio. Naquele momento, uma sonolência providencial a envolve e, após um período relativamente curto, ela desperta já em um leito de hospital e se vê rodeada por sua mãe, seu pai e aquela mesma senhora de semblante suave com a qual havia "sonhado" algumas vezes.

Recebendo os abraços carinhosos daquele pequeno grupo que a cerca, ela ainda não tem noção plena do que está acontecendo. Nesse momento, o médico chega com uma medicação de coloração fosforescente para que ela beba. Apesar de achar estranho, ela não faz nenhuma pergunta.

Seus pais, com muito carinho, mostram que estão todos juntos agora e que ela não deve temer, pois, na verdade, deixando o corpo enfraquecido, agora estará plena de vida. Foi com muito amor que Rosa relembrou momentos importantes da vida deles e, com todo o seu carinho materno, conseguiu explicar o processo da desencarnação de uma forma muito natural.

Irmã Amélia informa Helena que dentro de mais alguns dias ela já poderá deixar aquele hospital onde recebia os recursos necessários para que os reflexos da doença que atingira seu corpo físico fossem todos dissolvidos. Helena, que tivera uma vida física bastante disciplinada não encontra nenhuma dificuldade para compreender que deixara o corpo físico. Mas ainda conservava na alma a informação de que deveria ir para o Céu ou o Inferno e percebia que não estava em nenhum desses lugares, pois o conceito que tinha deles não explicava o fato de estar em um leito de hospital recebendo a visita de seus pais e ainda tomando medicações até então desconhecidas por ela.

❦ Era uma manhã radiosa. Rosa, segurando um buquê de flores, esperava pela filha no jardim em frente ao hospital do plano espiritual. Ela foi conduzida pela enfermeira carinhosa, que a entregou à mãezinha num gesto de profunda simpatia.

— *Minha filha, enfim juntas novamente. Você foi uma heroína, como sempre. Vim buscá-la para adentrarmos a Colônia Amor Fraterno, local onde vivo com seu pai, desde que tomei conhecimento de minha desencarnação e que aceitei com serenidade esta nova condição de vida. Naquele local existem muitos setores em que cada um nós reorganiza seus pensamentos, e, aos poucos, nos recordamos de outras encarnações, ligando o passado à última existência, com a finalidade de extrairmos o aprendizado que nos fará caminhar ao crescimento espiritual.*

— *Mamãe, como a senhora conseguiu entender tudo isso desde que chegou aqui? Creio que não terei essa capacidade, uma vez que tudo me parece muito estranho. Já estou sentindo uma grande saudade de Renato, pois a senhora sabe o quanto amo esse irmão que me é tão querido.*

— *Querida Helena, basta querer aprender, e isso acontece muito rapidamente. Quando cheguei, também passei por esse período de tratamento e logo seu pai me trouxe a esta colônia, onde ele já estava havia bastante tempo; hoje ele é um tarefeiro e trabalha com os recém-chegados.*

Existem as sessões de reconhecimento do passado, sempre com o amparo de irmãos maiores, nas quais nós recordamos fatos marcantes de nossa última existência. E depois desta etapa revemos encarnações anteriores, nas quais recebemos as explicações dos vários "porquês" que ainda estão pendentes em nossa memória espiritual.

Em poucos segundos, mãe e filha chegam a um pequeno chalé onde Rosa e o marido tinham seu lar espiritual. Helena sente um profundo bem-estar, e a pedido da mãe relata como estava a vida na Terra desde o casamento de Renato.

– *Mamãe, acho que Renato, ao encontrar Elisa, cumpriu um compromisso espiritual, pois eles se entendem muito bem. Ele conseguiu vencer todo aquele desinteresse que apresentava pelas pessoas que o cercam e cuidou de mim com imenso carinho. Sei do seu sofrimento e isso me dói no coração, porque ele é para mim um verdadeiro filho.*

– *Minha querida, acho que ele de fato é um verdadeiro filho. Irmã Amélia me adiantou que conversará com você a esse respeito, logo que possível.*

Na manhã seguinte, irmã Amélia recebe Rosa e Helena para que possam buscar os momentos importantes das reflexões, a fim de que Helena consiga entender perfeitamente seu retorno ao plano espiritual e principalmente sua relação com Renato e, ainda, as razões de sua sofrida desencarnação. Ela recebe com carinho a recém-chegada.

– *Que a paz de Jesus esteja em seu coração, minha querida Helena. Com a permissão de nossos mensageiros da luz, podemos refletir sobre suas últimas vivências terrenas. Com essas palavras, irmã Amélia acomoda as amigas-irmãs às quais ela dedicava imenso amor.*

"Vamos recordar a antiga existência em que você, Helena, como mulher pertencente à alta sociedade da época, não se preocupava em ser

uma mãe dedicada. Seu esposo era um barão do café e vocês ainda dispunham de escravos para lhes atender os caprichos. Renato, que naquela existência recebeu o nome de Jonas, reencarnou como seu primeiro filho, e, sendo você muito nova, não o recebeu com alegria, muito pelo contrário, você mal o olhava. Foi amamentado pela ama de leite, que tinha especial carinho pelo menino. Aquela ama de leite era nossa Rosa, que amava muito tanto a você como ao seu filho.

Jonas foi crescendo e percebia o distanciamento que você lhe impunha. Ele tinha certa dificuldade para assimilar a alfabetização que o pai lhe indicara por intermédio do preceptor que vinha à fazenda para ministrar as primeiras letras. Ele era dispersivo, e foi com muito sacrifício que o bondoso professor conseguiu alfabetizá-lo, mas não conseguiu dar sequência a seu trabalho, pois o jovem não se dispunha de modo algum ao aprendizado. À medida que se tornou adulto, era cobrado pelo pai para se ocupar de alguma função, mas ele não se interessava por nada. E você não se envolvia de modo algum na vida do filho, que cresceu sem receber nenhum carinho.

Depois de muita insistência do pai, Jonas começa a acompanhá-lo nas visitas de inspeção aos cafezais, mas sem nenhum interesse. A essa altura, seu segundo filho, que era o mesmo Espírito Fernando, já contava com dez anos e se mostrava completamente diferente. Ele queria sempre acompanhar o pai, mas você continuava sendo uma mãe muito distante.

Ao completar dezoito anos, Fernando já participava da administração dos bens da família e era imensamente interessado em todos os assuntos referentes ao patrimônio. Ele percebia que o irmão era um desinteressado e aos poucos foi alijando Jonas de qualquer participação na administração da vida financeira daquela família.

Depois da morte do pai, Fernando toma conta dos negócios e praticamente coloca você e Jonas em uma situação muito difícil. Vocês viviam na casa-grande completamente isolados. Jonas não se casou, e você, já envelhecida, estava desequilibrada psiquicamente, vagando pela casa, sendo cuidada pelos serviçais. Jonas enveredou pelo caminho da bebida e vivia confinado no alambique que existia em uma das fazendas. Ele ali permanecia a pretexto de ser da família abastada, mas na verdade nada produzia.

Fernando casou-se com Izabel, que hoje é Elisa. Não tiveram filhos, pois nem ele nem Izabel gostavam de crianças. Ela era uma pessoa muito fechada, mas no fundo tinha especial carinho por você, Helena, e acabou cuidando de sua saúde até que a desencarnação a trouxe de volta ao plano espiritual. Izabel chegou a engravidar por duas vezes, mas Fernando, que não suportava a ideia de ter crianças atormentando sua vida, induziu-a ao aborto. Foi aí que ele contraiu débitos nesse sentido e acabou colhendo os frutos desse comportamento. Naquela ocasião, a "curiosa" que era procurada para realizar os abortos era o mesmo espírito que viveu como Joana, mãe de Elisa. Ela conservava ainda a concepção de que o aborto poderia ser praticado sem maiores comprometimentos, pois, sendo absolutamente materialista, não alcançava o entendimento de que os espíritos são imortais.

Helena, minha querida, nessa existência você acabou contraindo alguns débitos, neglicenciando o amor de mãe e ainda se comprometendo na função de esposa, pois se envolveu com o capataz da fazenda, o qual, após a morte de seu marido, tornou-se uma pessoa perigosa dentro de sua casa, fazendo com que você buscasse os serviços de alguns matadores de aluguel, dando-lhes a incumbência de se livrar do incômodo personagem que estava lhe tirando a paz.

Na existência atual, você mesma aceitou a condição de não constituir uma família, como forma de poder reparar antigos deslizes e ainda atuar como uma irmã dedicada a Renato, e filha de Rosa, que fora a ama de leite que se dedicou imensamente aos seus dois filhos. Fernando conservou um sentimento de culpa, mas ao mesmo tempo atribuía seus deslizes a você, que, como mãe distante, não lhe deu o amor nem o carinho de que ele precisava."

Helena recebia todas essas revelações como explicações lógicas que vieram lançar luz sobre sua vida recente, em que vivera exclusivamente para servir. Ela sentia que nada do que havia se passado em sua última existência tinha sido mero acaso e, sim, viera lhe dar a oportunidade do reajuste com as leis perfeitas do Pai Criador.

Capítulo 28

Naquela manhã, Elisa desperta com uma sensação diferente. Tem a impressão de que não está sozinha. Como conversa bastante com dona Tereza, tem aprendido muitas coisas sobre a sobrevivência da alma. Já estava interessada em acompanhar a bondosa senhora às reuniões espíritas, das quais José e Mariana eram assíduos frequentadores.

Vai ao trabalho na escola com certa dificuldade. Ao longo do período, sente alguns enjoos e está aflita para que sua jornada de trabalho se encerre rapidamente. No caminho para casa, resolve buscar o auxílio de dona Tereza, que era seu verdadeiro anjo de guarda.

Ao relatar seu estado de saúde desde que se levantara, dona Tereza abre um largo sorriso, dizendo:

— Minha querida, você só pode estar grávida!

Elisa toma um grande susto. Não imaginava que isso pudesse acontecer tão cedo. Não se preocupava muito com esse assunto, pois nem ela nem Renato costumavam comentar sobre a vinda de filhos. A eles parecia que isso demoraria muito para acontecer. Mesmo assim, procuraria o médico o mais rápido possível.

Ao retornar do trabalho, Renato ouve de Elisa todos os fatos daquele novo momento. Ela está feliz ao contar que serão pais, mas percebe que ele não sente a mesma alegria. Entende que ele foi pego de surpresa, e talvez a preocupação com aquele momento importante tenha trazido pensamentos de como seria dali para a frente.

Mariana, que naquele dia viria à cidade entregar seus queijos, como sempre, visitaria a irmã para juntas tomarem o costumeiro cafezinho e colocar a prosa em dia.

— Mariana, prepare-se para uma boa notícia — diz logo Elisa. — Você será titia!

— Que alegria, Elisa! Estou muito feliz por você! Já que não consigo ser mãe, que eu possa ser tia!

Ambas se abraçam emocionadas e felizes, e a conversa já gira em torno do futuro.

— Você já foi ao médico? — Mariana, interessando-se pela irmã, recomenda que faça isso rapidamente.

— Amanhã vou me consultar. Já avisei no trabalho.

Aquela tarde foi muito especial para as duas irmãs. Conversaram bastante e acabaram se recordando de muitos momentos felizes que estavam no passado, mas que retornaram intensamente em suas lembranças. A figura dos pais lhe trouxe muita emoção e saudade.

Mariana, ao retornar à sua casa, acaba recordando sua própria história. Embora tivesse superado e agora fosse uma mulher madura, ela sente um enorme vazio por lembrar que poderia ter um filho já jovenzinho, caso não tivesse praticado o aborto.

Chegado o domingo, José, Mariana, dona Tereza e agora também Elisa se dirigem à reunião espírita, à qual já estavam bastante familiarizados, com exceção de Elisa, que ainda era uma principiante. O grupo havia aumentado, e o sr. Arnaldo havia providenciado outro lugar que pudesse melhor acomodar aquelas pessoas que se interessavam pelo Espiritismo.

O estudo, o intercâmbio mediúnico, o esclarecimento a alguns irmãos necessitados foram realizados naquela manhã de tarefas mediúnicas. Como sempre, ao fim, a palavra do mentor espiritual viria trazer ensinamentos e apoio aos estudiosos e praticantes.

Nessa manhã, a palavra do mentor viria através do sr. Acácio, médium dotado de grande sensibilidade.

— *Meus queridos irmãos, que a paz de Jesus os envolva! Estamos todos muito felizes ao poder acompanhar um longo período de preparação espiritual de um irmão que nos é muito querido. Após muitos anos de espera, de aprendizado, de esforço, de superação, finalmente nosso irmão se prepara para o retorno à vida material e, com as bênçãos de Deus, desta vez tudo acontecerá em clima de paz e amor. É necessária a preparação psíquica para que este reencontro traga a todos a possibilidade da evolução e que encerre um longo período de desencontros.*

"As leis divinas oferecem a todos nós inúmeras oportunidades de crescimento espiritual, e o tempo de espera pouco significa, importando apenas o valor que se dá a cada nova oportunidade da reencarnação redentora. Todos os envolvidos nesta nova etapa estão preparados para caminhar por esta nova estrada de luz que irá possibilitar grandes momentos de renovação a todo grupo de espíritos que está ligado por liames indissolúveis.

Amigos, liguem-se a Jesus cotidianamente, preparando o coração para novos momentos importantes em sua vida! Que a paz do Mestre os acompanhe!"

José, que tinha sua sensibilidade bastante aguçada, permaneceu ligado àquelas palavras e sentiu a presença de Fernando, que ali estava em estado de sonolência. Para ele, ficou claro que as palavras do mentor significavam que aquele espírito, um dia abortado, retornava à vida material.

Mariana também sentiu uma sensação diferente, mas não conseguia explicar exatamente o que seria. Elisa igualmente se emocionou, mas estava longe de alcançar maiores explicações, apenas entendera que aquelas palavras diziam respeito ao seu futuro como mãe.

Dona Tereza, assim como José, médium já mais preparada para aquelas revelações, também registrara a presença de Fernando, entendendo que ele estava de volta.

Como Renato não se interessava por religião, limitando-se a ir de em vez em quando até a igreja, Elisa nem comentou com ele tudo o que se passara na reunião espírita.

Ela frequentava habitualmente a igreja e continuava com seus hábitos religiosos. Todas as noites rezava o terço antes de dormir e agora já incluía em suas preces a oração ao seu filhinho.

O médico tranquilizou Elisa, informando que estava tudo bem com sua gravidez.

Renato se esforçava para acompanhar Elisa nos preparativos, mas no fundo não o fazia espontaneamente. Na verdade, ele pensava em mudar-se para São Paulo, mais para o fim do ano, quando Elisa terminasse o ano escolar, pois na capital ela poderia continuar seu trabalho de professora e ele procuraria o amigo que lhe fizera a proposta de emprego.

Aquele filho viria atrapalhar os planos que já estavam sendo elaborados. Ao mesmo tempo, ele se culpava por não vibrar como a esposa, mas estava sendo sincero consigo mesmo.

Elisa já estava se aproximando do oitavo mês de gravidez e naquela manhã se dirigia ao trabalho um pouco distraída. Estava com a cabeça longe e, já próximo ao jardim, atravessou a rua sem olhar para os lados. Vinha em sua direção um caminhão carregado de telhas e, por mais que o motorista houvesse tentando frear, o choque foi inevitável.

Elisa foi atirada ao chão, batendo violentamente com a cabeça. O motorista saiu aos gritos, pedindo por socorro. Algumas pessoas saíram de suas casas. A alguns metros dali ficava a loja de ferramentas. Naquela correria, o sr. Acácio foi até o local e, para sua surpresa, viu Elisa desfalecida. Mandou chamar Renato, que estava no fundo da loja, enquanto providenciava a remoção de Elisa, que deveria ser conduzida ao pequeno hospital da cidade.

Foi tudo muito rápido. Elisa chegou inconsciente ao hospital e foi levada ao centro cirúrgico, onde foram feitas todas as tentativas para salvá-la. Ao verificar que nada mais seria possível, o que restou a ser feito foi tentar salvar a criança. E, assim, com presteza e com a ajuda dos benfeitores espirituais, o médico conseguiu salvar aquele menino que já estava pronto para enfrentar o mundo.

Foram momentos de intensa dor. Renato estava completamente aturdido. Pediu para que um amigo fosse até o sítio avisar Mariana. Dona Tereza já havia sido trazida pelo sr. Acácio e alguns amigos estavam no hospital para prestar solidariedade a Renato.

Mariana, desesperada, chega ao hospital. Pede para ver a irmã, pois não acredita em tudo o que está acontecendo. O semblante de Elisa está sereno, dando a impressão de que ela deixara a vida física de modo tranquilo e com a sensação do dever cumprido.

O pequeno bebê recebia os primeiros cuidados. Nascera perfeito, com o peso dentro do esperado, e parecia ser saudável. Ficaria na incubadora por medida de segurança.

Assim que possível, Mariana quis conhecer o sobrinho, pois em seu coração um sentimento de profundo amor já estava presente. José, que a acompanhava ao olhar para aquele pequeno ser, sentiu as lágrimas aflorarem em seus olhos. Reconhecendo o Espírito Fernando, começava a entender o que estava programado dali para a frente. Não havia dúvida de que aquele reencontro era uma bênção da Providência Divina, oportunidade para que se reconciliassem e reconstruíssem o destino.

Durante uma semana, Mariana compareceu ao hospital para ficar algum tempo junto do sobrinho, e poucas vezes viu Renato por lá. José a acompanhava, pois se afeiçoara ao garotinho.

O médico responsável chamou Renato para comunicar-lhe que seu filho poderia ser levado para casa. Ele sentiu que o chão lhe faltava sob os pés. Sem saber por que, sentiu que sua mãe estava a seu lado, sussurrando aos seus ouvidos que aquela criança precisaria de uma mãe, e que ele certamente saberia de quem ela estava falando.

De imediato, pensa em Mariana. Ela estivera presente o tempo todo, e José também demonstrara grande carinho pelo bebê. Renato toma uma decisão: pediria para os cunhados que criassem seu filho, que a partir daquele momento seria deles.

Renato está refletindo sobre tudo aquilo, quando chegam Mariana e José para obter notícias do sobrinho. Eles percebem que Renato está pensativo e temem que algo esteja errado com a criança. Olham-se assustados e crivam Renato de perguntas.

— Calma, está tudo bem. No entanto, preciso conversar com vocês. Podemos ir até o café?

— Acho que o que vou lhes falar, de certa forma, está presente no coração de vocês. Como vocês sabem, agora estou sozinho. As mulheres mais importantes da minha vida não estão mais aqui. Dessa forma, não terei a menor condição de criar uma criança. Há pouco, o médico me avisou que o bebê está de alta e que eu deveria levá-lo para casa. Mas, na verdade, eu não gostaria de fazer isso. Não tenho nenhuma condição de cuidar de um bebê. Sinto-me perdido, sem perspectivas, e acho que não quero mais viver nesta cidade. Pretendo ir embora para a capital.

Mariana olha para José com os olhos marejados de lágrimas e aguarda um sinal positivo do marido. José, por sua vez, está tremendo de tanta emoção. Ambos se abraçam chorando e dizem ao mesmo tempo:

— Renato, queremos, sim, ser os pais de seu filho.

Mariana se apressa em providenciar o enxovalzinho, para poder tirar o bebê do hospital. Algumas pessoas amigas que acompanhavam o caso se apressam em oferecer roupinhas, fraldas e tudo o mais que um bebê necessita.

Em duas horas tudo já estava ajeitado para que o bebê fosse levado para casa. Dona Tereza, sempre presente, providenciou com um amigo o berço que seria transportado até o sítio. Ela fez questão que fossem todos para sua casa a fim de tomar café enquanto conversariam sobre os procedimentos legais para que Mariana e José pudessem adotar o sobrinho.

O sr. Acácio, homem mais experiente, orientou aquela família a procurar o fórum de Santa Bárbara, a fim de que legalmente tudo ficasse bem resolvido. Renato e José foram em busca das providências legais, pois seria necessário registrar a criança.

Foram necessárias três idas a Santa Bárbara, até que José fosse autorizado a providenciar o registro de nascimento, pois daquele momento em diante Fernando seria oficialmente seu filho e de Mariana. José, sensível, guardara espiritualmente a lembrança de que Fernando retornava para a vida física, junto daqueles com os quais se ligara havia séculos — sua família espiritual.

Dona Tereza estava radiante, pois amava Fernando. Ela também intuíra que aquele nome seria o ideal, pois era a identidade à qual aquele espírito já se habituara fazia algum tempo.

Renato, desolado, pede demissão de seu trabalho e despede-se do sr. Acácio, agradecendo por toda a ajuda que recebera durante o tempo em que pôde desfrutar da companhia daquele homem que, muito mais do que patrão, era um verdadeiro amigo. Em seguida, vai à casa de dona Tereza, para igualmente agradecer por todo o carinho, deixando uma carta a qual pede que seja entregue a Mariana e José tão logo ele viaje.

Na manhã seguinte, Renato toma o ônibus em direção a São Paulo, despedindo-se e dizendo para si mesmo que jamais retornaria.

Capítulo 29

Mariana e José estão radiantes. Ela não tinha experiência com bebês, mas estava tão feliz que não se cansava diante daquela brusca mudança em sua vida. José auxiliava no que podia, inclusive fazendo os queijos para a freguesia da cidade, pois entendia que Mariana não teria condições de se preocupar com mais nada naquele momento.

Vinte dias se passaram e o feliz casal vai à cidade para levar o pequeno Fernando para a consulta com o pediatra e também visitar dona Tereza. Lá chegando, recebem a carta deixada por Renato, e Mariana pede a José que a leia.

"Meus caros José e Mariana, peço-lhes que procurem me compreender e me perdoar por todos os erros que cometi. Sempre fui uma pessoa tremendamente egoísta e irresponsável. Já muito tarde despertei para a necessidade de contribuir com minha mãe e minha irmã, que deixaram esta vida onde muito trabalharam e se esforçaram. Não fui digno delas. Hoje compreendo isso. E o remorso me corrói a alma ao me lembrar de tudo. Quando encontrei Elisa, um sentimento único despertou em mim. Eu estava muito feliz. Mas, estranhamente, não vibrava como ela pela chegada próxima de nosso filho. Não entendia o motivo pelo qual não conseguia enxergar nossa família completa. Faltava algo! E, quando Elisa me deixou, a revolta tomou conta de minha alma de tal maneira que passei a culpar o bebê pela minha desdita. Perdoem-me! Sei que vocês vão amá-lo de todo o coração. Quando me decidi por recomeçar a vida na capital, tomei uma decisão. Fui ao cartório e pedi que fosse feita uma escritura de doação de minha casa para vocês. Eu já assinei, e agora vocês devem ir até lá para concluir esse assunto. Isso é o mínimo que eu poderia fazer. Mariana, perdoe-me por todo o mal que lhe causei. José, peço que você me perdoe também."

Profunda emoção tomava conta de todos. No coração deles a compaixão os fazia buscar Jesus em prece. Naquele instante, era inevitável lembrar-se de Elisa. Dona Tereza, em sua simplicidade, rogava a Deus que a abençoasse, pois certamente estaria sofrendo pela separação de seus verdadeiros amores.

No outro lado da cidade, momentos de muita angústia eram vividos naquela casa simples, de certa forma abandonada, onde uma velha senhora, em desequilíbrio, se despedia da vida. Eram os momentos finais de dona Ditinha, alquebrada, senil. Os obsessores que a envolveram por alguns anos já haviam abandonado a vítima. Desde que Fernando fora acolhido na colônia e encontrara uma paz relativa diante da perspectiva de reencarnar no seio de sua família espiritual, aqueles espíritos que obsidiavam dona Ditinha, desmotivados, afastaram-se, livrando-a de sua maléfica ação.

Mas, naquele momento em que a desencarnação liberava aquela alma dos laços carnais, muitos espíritos em revolta estavam à espreita para poder "fazer justiça" diante do pequeno entendimento que tinham. Muitos foram abortados por ela, mediante pagamentos que variavam de acordo com a situação financeira dos seus "clientes".

Em desvario, dona Ditinha foi conduzida a uma região espiritual hostil e inóspita. Sem entender o que se passava, via a si mesma algemada e açoitada por criaturas horrendas, que a agrediam com ofensas e gestos alucinados. Aquele vale sombrio abrigava espíritos presos ao ódio e aos sentimentos de vingança, onde aprisionavam aqueles que, de alguma forma, julgavam ter sido seus algozes.

Em todo o universo, a bondade do Pai Criador se faz presente. E, dessa forma, caravanas de abnegados servidores do bem também ali agiam, proporcionado oportunidades àqueles que conseguiam pedir a clemência divina para poderem ressarcir o passado delituoso.

Irmã Amélia, abnegada servidora de Jesus, por várias vezes acompanhara as equipes socorristas que buscavam aquele vale sombrio e, aproximando-se de dona Ditinha, a tocava com sua bondade, incentivando-a a buscar o Pai Criador, rogando oportunidade de recomeçar. Depois de muito sofrimento, aquele espírito em desalinho é tocado pelas vibrações de muitos corações generosos e começa a sentir a necessidade de implorar pela misericórdia divina.

Quatro anos se passaram e José tornara-se um dedicado trabalhador da Doutrina Espírita. Mariana iniciara os estudos doutrinários, fazia algum tempo, e participava das tarefas de educação espírita voltada para as crianças, nas quais o pequeno Fernando sentia-se perfeitamente integrado. O Centro Espírita Discípulos de Jesus agora funcionava na casa deixada por Renato, que fora adaptada graças aos esforços do sr. Acácio, do sr. Arnaldo e dos demais membros do grupo para poder acolher as pessoas que ali aportavam. A divulgação do Evangelho de Jesus levava alívio a dezenas de corações aflitos. Dona Tereza atuava como médium de cura, auxiliando os mais necessitados.

Naquele domingo, após a palestra pública, na reunião de assistência espiritual, um espírito sofredor foi trazido pelos amigos espirituais para o atendimento mediúnico. Dona Ernestina, na condição de médium, sentiu a proximidade de um espírito sofredor. Colocou-se à disposição dos benfeitores para o atendimento com a intenção de aliviar a dor da entidade dominada por angústia e desespero.

— *Ajudem-me, pelo amor de Deus! Não aguento mais ser atormentada por tantos gritos de dor que me atingem durante todo o tempo! Por favor, retirem esses bebês ensanguentados que estão à minha volta! Eu me arrependo de ter lhes tirado a vida! Perdoem-me, peço de joelhos! Agi de maneira cruel, fui levada pela ambição do dinheiro e sei que não mereço seu perdão! Mas peço encarecidamente: ajudem-me, tirem-me deste lugar de horror!*

— Irmã, seu pedido está sendo acolhido pelos nossos amigos espirituais, que em nome de Jesus semeiam o amor. Se o seu arrependimento for sincero, você terá novas oportunidades de recomeçar. Vamos orar neste momento, pedindo ao Mestre Jesus que lhe dê a acolhida em uma das colônias espirituais onde você poderá demonstrar seu desejo de reforma por meio de ações que venham a corrigir os desvios de sua caminhada. Acompanhe estes irmãos que lhe estendem as mãos e busque refazer os passos mal direcionados que fizeram parte de seu passado. Que Jesus a conduza para uma nova jornada.

Naquele momento, os médiuns sentiram-se profundamente tocados pela presença daquela irmã que, depois de tantos desvarios, fora auxiliada pelo amor do Cristo.

Mariana sentiu-se tocada pela presença daquela que reconhecera como dona Ditinha e orou fervorosamente para que ela recebesse o perdão do Pai Maior.

Capítulo 30

Renato nunca mais retornou à sua terra natal. Na capital, ainda morava na casa de sua tia e trabalhava na loja de móveis, sem nenhuma perspectiva de progresso. Não tinha nenhum objetivo na vida e, aos poucos, foi tornando-se bastante arredio. Seu semblante se modificara muito, aparentava ter uma idade bem mais avançada do que aquela que era real. Mesmo perto dos primos, não participava de suas atividades de lazer. Quando não estava trabalhando, costumava ficar em seu quarto, entregue a lembranças que lhe traziam arrependimento e angústia.

Dona Ditinha, no plano espiritual, foi acolhida em uma colônia de reabilitação e, graças à dedicação de irmã Amélia e Virgínia, começava a refletir sobre seu passado e percebia o montante de deslizes que havia praticado, especialmente nesta última encarnação.

Elisa, já plenamente recuperada, pediu a oportunidade de servir nas colônias infantis. Sentia que tinha um compromisso com crianças e, assim como na Terra, havia escolhido ser professora; no mundo espiritual, seu desejo era estar próxima daqueles espíritos que haviam deixado a vida material ainda na infância e que ao despertar no plano espiritual chamavam pela mãe. Ela dedicava todo o seu carinho a essas crianças, dando-lhes amor e proteção, e desejava com essa tarefa preencher a enorme lacuna que se formara em seu coração ao se ver separada do filhinho e do esposo a quem tanto amava. Servir em nome de Jesus a confortava muito.

O reencontro com seus pais confirmou tudo o que dona Tereza lhe dizia a respeito da continuidade da vida e do fortalecimento dos laços de família. Mesmo servindo em outra colônia no mundo espiritual, eles tinham uma forte ligação e juntos faziam belos passeios — ocasião em que se recordavam com carinho dos anos em que conviveram ao lado de Mariana e de amigos muito queridos.

José e Mariana decidiram vender o sítio e residir na cidade. Fernando, já com dez anos, ficou muito feliz com a ideia, pois já tinha alguns amigos que frequentavam o centro espírita ao qual gostava muito de ir. O garoto tinha uma sintonia muito grande com seu pai, José, e algumas vezes olhava fixamente para a mãe Mariana e sentia uma pontinha de mágoa, sem saber exatamente o motivo. Nesses instantes, ela orava a Deus, pois sempre se lembrava do dia em que José, ao ver Fernando na maternidade, comentara baixinho que quem estava ali era o Espírito Fernando, que eles já conheciam de há muito. Ela nunca esqueceria esse encontro.

José, por sua vez, não tinha nenhuma dúvida de que o destino os reunira para que juntos pudessem caminhar rumo à reconciliação, e recordando-se das orientações que sua mãe, em espírito, costumava lhe enviar, ele se empenhava para oferecer a

Fernando os esclarecimentos a respeito das leis divinas, especialmente a respeito do perdão.

Dona Tereza já não frequentava mais as reuniões mediúnicas, pois sua saúde estava bastante frágil e, quando Mariana lhe comunicou que eles estavam vendendo o sítio para residir na cidade, ela ficou muito feliz e pediu muito para que fossem residir em sua casa.

Mariana, por um lado, gostaria muito de poder cuidar da madrinha nessa fase difícil por que passava; por outro, temia que José não se sentisse à vontade com a situação. Fernando vibrou com a possibilidade de ficar perto de dona Tereza, a quem ele chamava de avó, tamanho era o carinho que existia entre eles.

Naquela tarde fria, dona Tereza estava febril e com muitas dores. José e Mariana aguardavam a saída de Fernando da escola para retornarem ao sítio, que já estava praticamente vendido, aguardando apenas o fechamento do negócio. Mariana observava a madrinha e já tinha a certeza de que, pelo menos por algum tempo, deveriam ficar junto dela.

— Madrinha, José e eu conversamos bastante e resolvemos aceitar seu convite para residirmos aqui em sua casa, pelo menos por algum tempo.

— Deus seja louvado! — murmura dona Tereza. Ficarei muito feliz em estar ao lado de vocês, que são minha família. Como a casa está toda montada, vocês não precisam se preocupar com nada. Como você sabe, Mariana, aquela outra parte da casa que dá frente para a outra rua está há muito tempo desocupada, e quem sabe vocês não resolvem abrir ali algum negócio? Vendendo o sítio seria possível abrir seu próprio negócio, não é mesmo?

— Dona Tereza, a senhora é mesmo uma mulher de visão! — diz José entusiasmado com a ideia. Aqui perto de sua casa não existe nenhum mercadinho, e, quem sabe, não seria interessante podermos abrir esse tipo de comércio? Mas faço questão de lhe pagar um aluguel.

— José, depois falaremos sobre isso. Agora, o mais importante é vocês concluírem logo a venda e virem para junto desta velha doente e solitária — disse rindo dona Tereza.

E, assim, em oito dias, aquela família se reuniu para proporcionar a dona Tereza um final de vida tranquilo. Fernando, imensamente feliz, tinha agora seu próprio quarto. José e Mariana se instalaram no quarto da frente da casa, por absoluta exigência de dona Tereza. Ela fazia questão de ficar no quarto mais aos fundos, pois — como dizia — estava mais perto do quintal, o qual ela gostava muito de observar, agora que já não tinha mais saúde para cuidar da pequena horta.

José, para não perder o hábito de lidar com a terra, cuidava das verduras e hortaliças que eram consumidas por eles e das quais dona Tereza cuidara por tantas décadas.

Aquele era um dia muito especial: seria a inauguração do mercadinho. Fernando estava muito feliz, pois o pai concordara que ele poderia auxiliar todos os dias, por algumas horas, uma vez que a prioridade era a escola e os deveres escolares. Até dona Tereza conseguiu estar presente naquele momento solene em que as portas foram abertas, após a prece e o pedido de proteção que fora feito por aquela família unida pelo amor. Mariana estava entusiasmada com o novo momento da vida da família.

Dois anos se passaram e dona Tereza já não mais deixava o leito. Mariana se desdobrava para cuidar da casa, da madrinha e, quando possível, auxiliar José no mercadinho. Naquela manhã, dona Tereza está muito abatida e pede para que Mariana e José ouçam o que ela tem a dizer.

— Meus queridos, vocês sabem que não tenho mais nenhum familiar encarnado, o filho querido retornou muito jovem ao mundo espiritual, o esposo também cumpriu seu compromisso e se foi para o outro lado da vida, e hoje minha família são vocês. Agora sinto que muito breve também farei minha grande viagem. Por esse motivo, eu gostaria de pedir a vocês que chamassem aqui em casa o nosso amigo Antenor, que é cartorário e poderá fazer o meu testamento.

— Madrinha, que pensamentos pessimistas! Não pense assim, a senhora ainda ficará muito tempo por aqui e não deve se preocupar com isso.

— Não, minha querida, não tenha receio de enfrentar este assunto, pois faz parte da vida. Por favor, marque com o Antenor, o mais rápido possível. E eu gostaria que você pegasse aquela caixa envelhecida que está ali dentro daquela escrivaninha, onde estão guardadas as velhas escrituras, para deixarmos tudo ajeitado.

Mariana sente que não deve contrariar a madrinha, que está decidida. Retira a velha caixa onde encontra duas escrituras cujas capas estão amareladas pelo tempo em que ali estão guardadas.

— Pronto, madrinha, aqui estão. Já tirei o pó para que a senhora possa verificar se é isso mesmo.

— Mariana, observe que aqui temos duas escrituras, uma delas é desta propriedade onde vivemos, e a outra é de uma casa da qual talvez você nem saiba da existência. Fica lá do outro lado da praça, é uma casa boa e já faz algum tempo que está fechada. Nem sei como ela está!

Assim foi feito. No dia seguinte, Mariana procura pelo cartorário e, depois de dois dias, ele chega à casa de dona Tereza para providenciar o testamento que ela desejava. Sua preocupação era deixar tudo certinho para que Mariana e José pudessem receber aquelas duas propriedades após sua desencarnação.

Naquela noite, dona Tereza pede que a prece seja feita ali em seu quarto, pois gostaria de lhes falar de um antigo sonho que ela não conseguira realizar.

— Meus queridos, houve uma época em que eu tinha um desejo muito grande em fundar um lar para atender jovens que estivessem precisando de apoio, no caso de estarem grávidas e não terem para onde ir. E também oferecer a elas a oportunidade de ali permanecer depois de darem à luz, cuidando de seus filhos, até conseguirem se estabilizar novamente. Mas, por várias razões, esse sonho não se concretizou. Quero dividir com vocês esse compromisso que sinto que seria meu, mas que não tive condições de cumprir. Aquela casa do outro lado da praça seria o lugar em que eu pretendia construir o lar e, talvez, por esse motivo, acabou ficando abandonada.

Capítulo 31

— Dona Tereza, que lindo esse seu ideal! — falou José com sinceridade. — Se Deus nos der saúde e forças, quem sabe conseguiremos realizar seu sonho!

Fernando, já um jovenzinho, estava presente durante a conversa e sentiu-se profundamente tocado pelas palavras que ouvia de seus pais e de dona Tereza. Sem saber exatamente o porquê, ele sentia que, de alguma forma, estava ligado a esse assunto. Sentiu uma enorme tristeza e, no fundo de seu coração, parecia existir um vazio, uma lacuna...

Mariana igualmente se emocionou. Imaginou que ela mesma, de alguma forma, tinha uma ligação com aquela história. Lágrimas afloraram e, disfarçando a emoção, procurou afirmar à madrinha que, se dependesse dela, procuraria dar vida à ideia.

Após as orações, todos se recolheram, e naquela noite o encontro daqueles espíritos desligados da matéria foi exatamente na casa abandonada da qual dona Tereza havia comentado pouco antes.

— *Sejam bem-vindos, meus queridos!* — irmã Amélia já aguardava seus tutelados, assim como Rosa, Helena e Elisa. Durante o sono, desligados do corpo físico, Mariana, José, dona Tereza e Fernando foram atraídos para aquele ambiente por força do amor emanado por aquelas irmãs que tanto os amavam.

— *Meus amados, nas sábias leis do Pai Criador, todos nós temos oportunidades de crescimento e, quando somos tocados pela vontade de auxiliar nossos semelhantes, simplesmente estamos assumindo compromissos previamente estabelecidos. Vocês, meus queridos, fazem parte de uma família espiritual que vem há séculos tentando o progresso, mas, por se deixar dominar por equívocos, acabaram estacionando em zonas de angústia e sofrimento. Mas Deus nos oferece mais e mais oportunidades, e é isso que está acontecendo agora na vida de vocês.*

"Querida Tereza, amiga de épocas remotas, você sabiamente colaborou para a união de corações comprometidos, como nossos amados Renato e Elisa, e também auxiliou com suas orientações sempre equilibradas nossos queridos Mariana e José. No caso de nosso bem amado Fernando, você nos auxiliou e muito a criar condições para seu retorno junto daqueles que de alguma forma lhe trouxeram muita dor e sofrimento. Por esse motivo, aqui estamos reunidos neste momento: para idealizarmos uma obra que oferecerá amor a irmãos que muito necessitarão de um lar."

— A que obra a senhora se refere? — pergunta Mariana curiosa.

— *Mariana, quando nossa Tereza lhes relatou seu sonho em fundar uma casa-abrigo para irmãs que necessitassem de um lar para permitir a vinda de seus filhos, evitando assim que praticassem o aborto, ela lhes deu a oportunidade de auxiliar muitos espíritos que, de alguma forma, já vivenciaram essa experiência e que dessa vez precisarão do auxílio de corações generosos. Como vocês sabem, ainda existem muitos pais e mães que, ao tomar conhecimento de que suas filhas engravidaram antes do casamento, agem de maneira cruel, expulsando-as de casa e as obrigando a abortar para evitar comentários e situações de grandes dificuldades.*

"Meus queridos José e Mariana, vocês têm débitos nesse sentido e quando participavam do planejamento reencarnatório idealizado para esta atual vivência física em que se encontram, assumiram compromissos nesse sentido.

Renato também se comprometeu com alguns espíritos a prestar ajuda, mas infelizmente acabou se distanciando de alguns compromissos. O retorno de nosso amado Fernando foi uma bênção maravilhosa que o aproximou de vocês, graças à bondade de nossa Elisa, que não titubeou em lhe proporcionar a bênção da reencarnação. Como vocês observam, a sabedoria Divina não descuida de nenhum detalhe no que se refere às oportunidades de crescimento oferecidas a nós, filhos ainda imperfeitos e carentes de compaixão.

Nossas queridas Helena, Rosa e Elisa aqui estão para lhes trazer seu abraço amigo e assumir com vocês o compromisso de apoio no campo espiritual para esta empreitada de caridade que se apresenta como oportunidade bendita de reencontros abençoados."

Esse reencontro entre amigos sinceros trouxe muita emoção a todos e o compromisso de se fundar o lar-amigo ficou estabelecido entre todos.

— Irmã Amélia, sinto que meus dias na Terra estão chegando ao fim — afirma Tereza. — Já me sinto muito cansada e tenho a sensação de que estava apenas aguardando a vinda de minha afilhada querida para junto de mim, a fim de podermos deixar tudo acertado. Estou em paz e aguardando o momento de meu reencontro com meu filho amado e com meu companheiro querido.

– Querida amiga, Deus, como Pai Soberano, a tudo provê. Continue firme em suas convicções e seu amor. No momento certo, com certeza Ele a conduzirá à vida espiritual. Estamos trabalhando para a preparação reencarnatória de duas irmãs que irão, de certa forma, dar início a esse trabalho de amparo maternal, e tão logo o novo lar esteja preparado, a misericórdia divina permitirá sua reencarnação.

"Meu caro Fernando, quero abraçá-lo com carinho, meu filho. Temos acompanhado seus passos e agradecido a Jesus por você estar junto de Mariana e José para iniciarem um trabalho de amor que há muito se fazia necessário. Você levou em sua bagagem espiritual muitos planos de ajuda ao próximo, para cumprir compromissos antigos que foram protelados por várias vezes. Agora, meus irmãos, vamos todos dar sequência a esses planejamentos, para que façam desta oportunidade de vida física um momento solene em sua existência como espíritos imortais."

Naquela manhã, durante o café, estavam todos com a mesma sensação de que haviam se encontrado em sonho e juntos tinham estado em uma pequena assembleia. José foi o primeiro a comentar que tinha a impressão de haver se encontrado com Elisa, Helena e dona Rosa. Mariana também tinha essa mesma sensação, mas sabia que havia mais alguém junto delas. Dona Tereza complementa aquela descrição, dizendo que realmente haviam todos se encontrado na casa em que ela sonhava em abrigar futuras mamães, e que irmã Amélia, velha amiga de todos, ali estava dando informações preciosas.

Depois dos comentários de todos, Fernando pediu para falar o que ele havia sonhado. Ele tinha nítido em sua lembrança que estivera também naquela casa grande, que necessitava de uma boa pintura e limpeza, e conseguia enxergar ali várias crianças ao lado de jovens mamães.

Fernando diz ainda a Mariana que ele a via junto daquelas pessoas, orientando, e que via também José falando a elas sobre Jesus e a vida espiritual.

Dona Tereza, emocionada, diz a todos que aquela fora uma reunião providencial, pois sentia que seus dias estavam se findando, mas que gostaria de antes de partir poder sentir que o início daquele trabalho de amor já estaria acontecendo.

— Dona Tereza — diz José segurando nas mãos enrugadas da idosa senhora. — Hoje mesmo falarei com o sr. Arnaldo a fim de convidar a equipe do Centro para irmos até lá avaliar as condições do imóvel. Fique tranquila. Quem sabe poderemos fazer um mutirão e colocar a casa em condições de dar início a esse trabalho?

Realmente, José procura várias pessoas no decorrer daquele dia e já acertam que no domingo, após a reunião espiritual, irão até o local. Fernando, agora um rapaz, acompanha o pai, sentindo que terá uma grande tarefa naquele projeto.

Ao retornar, José e Fernando estão entusiasmados. Relatam tudo o que encontraram: o mato bem crescido, a casa precisando de uma reforma hidráulica e elétrica, da troca de alguns pisos e de uma boa pintura. Mas dizem também que o sr. Arnaldo e mais alguns componentes do grupo já planejaram como fazer para conseguir a ajuda de alguns comerciantes da cidade, a fim de rapidamente deixar a casa em condições. E lembra ainda que alguns móveis trazidos de sua casa para o sítio estavam guardados e poderiam ser levados ao lar-amigo.

Capítulo 32

Foi com incrível rapidez que aquele grupo de boa vontade trabalhou na recuperação do imóvel e, em três meses, a casa estava pronta. Dona Tereza foi levada para rever o local e, ali, junto dos amigos e da família, foi realizada a solenidade simples de inauguração, com a prece de agradecimento a Deus, proferida pelo sr. Acácio — que também já estava combalido pelo peso dos anos. Fernando, representando a ala jovem do centro espírita, pediu para falar algumas palavras e assumir o compromisso de que os jovens se preocupariam com as atividades recreativas e esportivas das futuras crianças que ali estariam no momento certo.

Dando início às atividades da casa, Mariana e mais algumas companheiras de trabalho do Centro Espírita Discípulos de Jesus se preparam para ensinar jovens da periferia que estivessem grávidas a realizar alguns trabalhos manuais, além de, com a ajuda de uma médica da cidade, orientar a respeito do pré-natal e, ainda, ensinar os cuidados com os bebês desde o nascimento.

Em pouco tempo espalhou-se a notícia das atividades daquele lar-amigo e várias moças oriundas dos sítios vizinhos e da periferia da cidade já faziam parte daquele projeto.

Naquela manhã, dona Tereza acordou febril, com uma forte tosse e muita dor no peito. Chamado o médico, o diagnóstico foi de uma provável pneumonia, havendo a necessidade de internação. Rapidamente tudo foi providenciado, e Mariana, muito preocupada, permanecia junto da madrinha. A velha senhora, já pressentindo que sua hora de partida havia chegado, procura manter-se calma e transmite a Mariana muita serenidade.

— Minha afilhada querida, tenho certeza de que a alma não morre e que este corpo cansado está prestes a se entregar. Peço a você que continue em suas atividades no bem e, principalmente, não se descuide de nosso Fernando. Ele, apesar de se esforçar para acompanhá-la e José nesta caminhada, ainda é, por vezes, assediado por lembranças do passado, que o machucam. Você sabe que ele retornou para seus braços pela bondade divina, graças ao imenso amor que Elisa dedica à família, para que todo o passado conflitante seja substituído por uma reconciliação bendita. Minha querida, tenho recebido a visita de amigos do plano espiritual, que já me informaram que nosso lar-amigo muito em breve iniciará seu trabalho maior, acolhendo espíritos nossos velhos conhecidos, que retornarão para provas redentoras. Peço que você e José se preparem para essa tarefa.

Naquela tarde, dona Tereza tem uma piora e, depois de dois dias, deixa aquele corpo combalido, retornando serenamente ao plano espiritual.

Naquele quarto de hospital, amigos e familiares estavam prontos para receber uma mulher vitoriosa. Tendo superado grandes dificuldades na infância, aceitado a desencarnação do único filho ainda muito jovem, auxiliado o esposo em todo o seu período de enfrentamento da doença que o conduzira ao mundo dos espíritos, Tereza nunca esmoreceu na fé, demonstrando enorme resignação perante as leis divinas.

Elisa, Helena, Rosa, o filho e o esposo amados aguardavam o total desligamento daquela alma generosa, participando da oração em que irmã Amélia envolvia Tereza, auxiliando-a a se desligar completamente da matéria. Tão logo os últimos liames foram desatados, Tereza sente-se leve, mas sonolenta, sendo retirada daquele ambiente e conduzida a hospital do plano espiritual onde seria tratada para que os reflexos daquela passagem fossem dissipados.

O período de perturbação espiritual foi bastante rápido, pois Tereza não tinha nenhum apego à vida terrena, certa da sobrevivência do espírito.

A manhã estava radiante, e Tereza, ao despertar completamente, vê que está rodeada por entes queridos. Emocionada, recebe o abraço de todos, com os votos de boas-vindas. Deixando o leito, é conduzida ao jardim principal onde iniciaria sua nova etapa como espírito imortal. Faz várias perguntas, entre elas como estaria sua querida Mariana diante de sua partida. E, calmamente, irmã Amélia responde às suas indagações, a fim de trazer-lhe calma.

Mariana, José e Fernando têm as suas divergências naturais, mas todos se esforçam ao máximo para que a serenidade reine em seu lar. Fernando desenvolveu o hábito da oração, pois é constantemente assaltado por pensamentos sombrios, os quais procura combater. Certa vez, quando sentia que sua vinda à Terra acontecera em um momento doloroso para sua mãe, ele começou a ter alguns sonhos que lhe trouxeram certa preocupação.

Naquela noite, após as orações costumeiras, Fernando, adormecido, desliga-se do corpo físico e percebe que sua mãe Elisa está ao seu lado. Ele tinha conhecimento dos fatos que motivaram a desencarnação da mãe e sempre agradecia a ela pela bênção da reencarnação.

— *Filho querido, gostaria que você me acompanhasse, pois vamos nos reunir com Mariana, José e Renato para juntos agradecermos a Deus pelas bênçãos que recebemos na longa estrada que percorremos.*

Rapidamente chegaram ao salão do Centro Espírita Discípulos de Jesus, onde os demais já estavam espiritualmente envolvidos pelas palavras da generosa irmã Amélia.

— *Meus amados, mais uma vez nos reunimos para refletir a respeito da oportunidade recebida do Pai Criador para buscar o ressarcimento de velhos compromissos do passado.*

"Fernando, meu caro, rememorando o período em que você estava cristalizado em sentimentos de ódio, resultante dos abortos sofridos, podemos agora enfrentar de forma adulta as lembranças que haverão de fortalecer os propósitos de todos, no tocante à reconciliação. Tendo você sido abortado por Mariana, por mais de uma vez, deixou que o ódio o vencesse. Mas agora gostaria de pedir-lhe que busque Jesus com todas as suas forças, para que você possa rever algumas cenas da encarnação em que era nômade, juntamente com José, Mariana, Elisa e Renato. Você não tinha nenhuma compaixão, vendia crianças quando tinha oportunidade de raptá-las e, com isso, levou sofrimentos inenarráveis a muitas mãezinhas. Observe duas delas! Olhe com atenção!"

— Meu Deus! É minha avó Joana! E a outra é dona Ditinha! Eu lhes tirei os filhinhos queridos para vender a mercadores! — disse Fernando surpreso.

— *É isso mesmo, meu querido Fernando* — explica irmã Amélia. — *Elas amargaram grande sofrimento diante de suas atitudes cruéis, e, tal como você, desenvolveram sentimentos de ódio por muito tempo. Embora tenham reencarnado por diversas vezes, em várias situações, acabaram de certa maneira conservando alguns pontos muito negativos em sua alma. Nossa irmã Ditinha infelizmente enveredou por caminhos perigosos, ora por interesse financeiro, ora por vingança. Nossa irmã Joana conseguiu superar muitos pontos obscuros, mas no seu inconsciente ainda havia lembranças dolorosas a seu respeito, o que motivou uma rejeição imediata, quando fluidicamente ela sentiu sua presença naquele momento em que Mariana revelou sua gravidez.*

"Você vê, Fernando, como a justiça divina estabelece leis que são sabiamente honestas e justas para com todos? Ninguém colhe o que não houvera semeado! É por esse motivo que a superação da dor pelo amor é o único caminho para a evolução espiritual."

Naquele momento, o pequeno grupo está tomado pela emoção. Elisa, que já tinha conhecimento de toda sua ligação com Fernando e Renato, com o devido consentimento pede perdão aos presentes por comportamentos equivocados do passado.

— *Renato, peço-lhe que me perdoe pelo sofrimento que lhe causei no passado distante e quero que você saiba que nosso curto período de felicidade vivido nesta última encarnação, para mim, foi muito intenso. Tomei conhecimento que nós também colaboramos para os erros de Fernando em passado remoto. Durante o período em que vivíamos como nômades, negociamos a vida alheia como se fosse mercadoria e acabamos contraindo dívidas em comum.*

"Fernando, filho querido, vejo que tanto eu como Mariana falhamos com você e, assim, quero que você também me perdoe pelo passado. Ao ter a oportunidade de lhe propiciar nova encarnação, fiquei muito feliz, mas ao me desligar do corpo, nos primeiros momentos, fiquei muito abalada pela separação. Quando Mariana e José sentiram no coração que era chegado o momento de reparar o passado, pois intuíram que você era o mesmo espírito que fora abortado, eu me senti muito aliviada. Lamento por Renato, que ainda sente ecos do passado em sua alma e não consegue superar alguns medos e traumas. Peço a você que o perdoe, meu filho, pois ele sofre muito por todas as perdas que teve nesta encarnação."

Renato, até então um tanto desinteressado do assunto, diante das palavras de Elisa, vai aos poucos se envolvendo naquele clima de realidade espiritual que toca a todos. Não consegue articular nenhum pensamento, pois sente um verdadeiro turbilhão em sua mente, mas algo se rompe em suas lembranças. Foi como uma represa que abriu suas comportas e modificou todo o cenário. Sente uma vontade imensa de pedir perdão a todos os que ele feriu em algum momento. E, meio desajeitado, se dirige a todos:

— Penso que diante de tantas revelações, em que cada um de nós foi se situando em fatos marcantes de nosso passado, preciso ter a coragem de pedir perdão a todos. Vejo que acabei ferindo-os, em vários momentos. Isso sem contar que nesta encarnação falhei muito com aqueles dois anjos que me acolheram: minha mãe Rosa e minha irmã Helena. Um espesso véu estava havia muito tempo me tolhendo a visão, mas agora tenho por obrigação procurar ser melhor. Fernando, meu filho, a você especialmente peço que me perdoe por não tê-lo recebido como pai nas duas vezes em que essa oportunidade me foi oferecida na existência presente. Mariana, perdoe-me também. José, igualmente lhe peço perdão, pois o passado já nos havia dado oportunidade de renovação, mas não soubemos valorizar, e agora a justiça divina nos uniu novamente. Elisa, você foi um anjo em minha vida, sendo a única pessoa que realmente eu queria amar e respeitar. Quando você se foi, perdi toda a vontade de viver. Perdoe-me por não ter amado nosso filho como ele merece.

José e Mariana abraçam Renato sem expressar nenhuma palavra. Não era necessário, pois o sentimento falava mais alto. Estendendo os braços para Elisa, aqueles quatro espíritos romperam séculos de ódio e juntos envolveram Fernando, dizendo a ele que desta vez o amor venceria o ódio.

— *Meus queridos* — retoma a palavra irmã Amélia —, *antes de retornarem ao corpo físico, quero lhes dizer que está muito próximo o momento de vocês abrigarem no lar-amigo uma irmãzinha que dará início ao processo de reaproximação dos antigos desafetos. Não percam a oportunidade de abraçar a causa do bem. Que a paz de Jesus os envolva!*

Naquela manhã, como de costume José, Mariana e Fernando tomam juntos o café e todos comentam que haviam "sonhado" que estavam no Centro, ali se encontrando com Elisa e Renato.

— Mamãe, reconheci meus outros pais logo de início. Associei com a foto do casamento deles e de imediato senti que eram eles. Embora minha mãe Elisa irradiasse uma luz suave, e meu pai, Renato, estivesse um tanto sombrio, eu os reconheci. E lembro perfeitamente de uma senhora, muito clara e serena, que falou algumas coisas para nós. Ficou muito marcado em mim que ela disse que muito em breve chegaria alguém que deveria ser acolhido no lar-amigo.

Nesse instante, José e Mariana se recordam de que essa recomendação também fora recebida por eles naquela noite. Que coincidência! O que será que estava programado?

Capítulo 33

Mariana e José estavam felizes e agradeciam a Deus diariamente pela bênção de terem Fernando junto do coração. Estavam perfeitamente integrados nas tarefas doutrinárias e conservavam a certeza de que uma oportunidade estava reservada a eles no auxílio ao semelhante, por intermédio do lar-amigo.

Naquela manhã fria, um pequeno grupo de futuras mães estava terminando o café da manhã oferecido pelas voluntárias antes do início da palestra, que naquele dia seria sobre amamentação. A porta estava apenas encostada para permitir a entrada das demais participantes, quando se ouviu uma forte batida. O grupo correu para verificar o que acontecia e deparou com uma jovem que estava desfalecendo. Rapidamente ela foi socorrida.

— Sente-se, minha querida — diz Mariana, apoiando a jovem e a conduzindo ao pequeno sofá que ali se encontrava, no qual ela se recostou. A moça tremia, pois a temperatura estava baixa e ela não estava agasalhada convenientemente.

Após receber um copo de café com leite acompanhado de pão com manteiga, a moça sentiu-se melhor e pediu para conversar com Mariana. Ambas se dirigiram à sala de triagem, onde a jovem Carolina cai em choro convulsivo. Naquele instante, Mariana eleva a Deus uma prece por aquela quase menina que estava em desespero. Por alguns momentos, ela reviu, espiritualmente, uma cena parecida, na qual ela mesma sentiu o pavor de uma revelação que deveria ser feita à sua mãe e que lhe trazia uma imensa sensação de medo.

— Minha querida, fique calma, para que conversemos com tranquilidade — diz Mariana comovida.

— Dona Mariana, ajude-me, pelo amor de Deus! Nem sei como vim parar aqui. Moro lá pelos lados da fazenda Juquiti e andei bastante. Desde que os primeiros raios de sol despontaram no horizonte, peguei a estrada. A noite de ontem foi horrível.

— Meu pai me expulsou de casa. Disse que quando se levantasse ele não queria me ver. Passei a noite em claro, pois não tive coragem de sair de casa antes do amanhecer. Sei que errei, que não deveria ter confiado no Josias, mas ele me dizia coisas bonitas, que iríamos nos casar e que nossa casinha seria toda branquinha e cheia de flores. Acreditei e acabei engravidando. E quando contei a ele o que havia acontecido, ele simplesmente me virou as costas. Eu me senti completamente perdida e cheguei a pensar que meu pai me perdoaria, mas me enganei.

"Quando saí, no raiar do dia, pensei que teria dois caminhos: encontraria algum lugar para me abrigar, ou me atiraria no rio para acabar com este tormento. Não tenho escolha. Foi quando me sentei um pouco para descansar e tive uma visão. Enxerguei esta casa, do jeitinho que ela é, e uma voz de mulher me disse para vir até a praça principal da cidade e que ali eu veria o lugar em que eu encontraria abrigo. Assim vim caminhando e perguntando, até chegar aqui."

— Minha filha, Deus é Pai. Ele não abandona nenhum de seus filhos. E foi Ele quem a guiou. Você tem algum documento? Trouxe alguma roupa? Temos lá, na parte dos fundos, três quartos que acomodam até quatro pessoas cada um. Como você viu, esta cozinha já está aparelhada para preparar refeições. No momento, ninguém reside aqui. As moças vêm em busca da orientação, do aprendizado, mas retornam para casa. No seu caso, daremos início ao projeto inicial, oferecendo abrigo e orientação. Você deverá colaborar na conservação do lar, como fazem as outras moças, juntamente com as voluntárias. Recebemos doações de alimentos e roupas, e providenciamos a comida para o grupo que está sendo atendido no momento.

— Dona Mariana, gosto de trabalhar e sei cozinhar. Posso ajudar a cuidar da casa e sou muito agradecida por me abrigar aqui.

— Imagino que você não procurou nenhum médico ainda, acertei?

— É verdade. O que eu queria mesmo é que Deus me livrasse da gravidez, cheguei a tomar um chá forte que uma vizinha me ensinou, mas acho que não adiantou nada.

— Graças a Deus não adiantou! Se você tivesse abortado com o chá ou de alguma outra maneira, com certeza se arrependeria muito. Ainda hoje vou procurar o dr. Oswaldo, que é um verdadeiro anjo da guarda. Ele é o responsável pelo hospital da cidade e com certeza a encaminhará para dar início ao pré-natal.

Carolina, mais calma e confiante, acomoda as poucas roupas que trazia, as quais já estavam sem condições de uso, mas mesmo assim eram as únicas que tinha. Apressa-se em procurar ajudar e recebe o carinho das voluntárias e das demais jovens que ali estavam participando das atividades.

No dia seguinte, Carolina passa pela primeira consulta médica. Ao ser examinada, o médico ouve com muita atenção os batimentos cardíacos do bebê e fica surpreso. Ouve novamente para confirmar suas suspeitas e chega à conclusão de que realmente são dois bebês, em vez de um!

— Dona Mariana, não existe melhor maneira de se iniciar um projeto novo! São dois bebês!

— Meu Deus! Será que teremos fôlego para tanto? E esta jovem, tão inexperiente, tão frágil, será que terá condições de gerar duas crianças? Só com muita fé conseguiremos levar avante este trabalho!

Carolina não acreditava no que ouvia. Por que Deus permitia uma coisa dessas? Se ela não tinha apoio nenhum da família, se fora abandonada por todos, por qual motivo Deus ainda lhe mandaria dois bebês? Não era possível tamanha fatalidade!

Após a reunião no Centro Espírita Discípulos de Jesus, Mariana pede para levar um assunto urgente ao grupo de tarefeiros. Relata a todos o caso de Carolina, salientando que era chegado o momento de iniciar o trabalho para o qual fora criado o lar-amigo. Sugere que deem um nome àquele local. E, no pensamento de todos, surge o nome de dona Tereza.

De acordo com a opinião de todos, o local foi denominado Lar Irmã Tereza. Aquele foi um dia muito especial. O grupo de servidores e alguns amigos compareceram ao Lar para uma prece de agradecimento àquela que seria homenageada pelo desprendimento demonstrado durante toda a sua vida.

❦ Carolina era estimada por todos. O enxovalzinho dos bebês já estava pronto, aguardando apenas o momento do nascimento, que se aproximava.

Ao entardecer, Carolina começa a sentir as primeiras dores do parto. Mariana aguardava aquele momento e estava sempre por perto. Assim, apressa-se em chamar José para levarem Carolina ao hospital.

Tudo corria normalmente e, na manhã seguinte, Carolina dá à luz duas meninas. Eram miúdas e tinham sido levadas para os primeiros cuidados. Quando Mariana vai ver os bebês, tem uma sensação estranha. Sente uma forte ligação com elas e, ao mesmo tempo, intui que elas trazem alguns problemas. Mas seria preciso aguardar o médico para saber se aquele pensamento tinha algo de real ou se era apenas uma impressão.

Carolina, inexperiente, assustada, nada percebeu. José, ao ver as meninas, também sentiu que ali estavam espíritos em prova.

Naquela noite, as orações foram todas direcionadas às meninas que acabavam de chegar ao mundo. Durante o sono, ao deixar o corpo físico, Mariana e José retornam à maternidade, pois queriam estar perto dos bebês para se certificar de suas sensações preocupantes. Lá estavam Virgínia e irmã Amélia velando por aqueles espíritos que carregavam provas difíceis.

Capítulo 34

— *Queridos, esperávamos vocês* — diz irmã Amélia. — *Como vocês intuíram, retornam ao seu convívio nossas irmãs para dar cumprimento a compromissos redentores. E com certeza receberão o apoio daqueles que já conhecem a Boa-nova do Cristo.*

Fernando, também atraído pela chegada das meninas, em desdobramento espiritual, adentra aquele ambiente, onde se encontra com Virgínia e irmã Amélia. Apesar de não ter a sensibilidade de José, ele também percebe que há algo errado com os bebês.

— *Meus filhos, quando se agride as Leis Divinas, são assumidos compromissos que deverão ser quitados no momento certo. E, quando se recebe de Deus a oportunidade de reencontros com desafetos do passado, dispostos ao recomeço, é momento sagrado de trilhar por novos caminhos redentores. E agora estamos diante dessa bênção divina.*

"Nossas irmãs Joana e Ditinha estão de volta! Trazem dificuldades que servirão de alavanca para seu progresso espiritual, e vocês terão a oportunidade bendita de refazer o passado, recebendo-as com carinho

e dedicação. Carolina se prontificou a trazê-las ao mundo, quando foi chamada ao plano espiritual, e quase perdeu essa oportunidade, quando foi desamparada pelo pai e pelo namorado, mas graças à bondade divina conseguiu cumprir sua promessa. Ela não tem ligação muito intensa com Joana e Ditinha, mas, como espírito que precisava superar alguns pontos obscuros de sua alma, aceitou o encargo de dar à luz as meninas.

Caberá a vocês, Mariana, José e Fernando, contribuir para que as duas irmãs possam trilhar pelas veredas do reajuste, propiciando a vocês também reajustar-se com as leis divinas. Quando o médico chamá-los para as informações que se farão necessárias, apeguem-se a Deus para esta empreitada!"

Aquele encontro repercutiu no íntimo daquela família. No dia seguinte, foram chamados pelo dr. Oswaldo e pelo médico que fez o parto para a conversa que já era esperada.

– Meus amigos, as duas meninas são saudáveis, porém uma delas tem deficiência visual. Ainda é cedo para se afirmar se é total, o que saberemos só daqui a alguns dias. Vamos acompanhar bem de perto o desenvolvimento de ambas. Provavelmente amanhã vocês poderão levar mãe e filhas para casa.

Carolina ainda não sabia dessa informação. Mariana e José entenderam que não deveriam comentar naquele momento. Apenas felicitaram Carolina, informando que no dia seguinte elas já teriam alta e iriam para casa.

As voluntárias haviam providenciado os berços para acomodar as irmãzinhas. O enxoval fora todo doado por pessoas de imensa generosidade.

Fernando procurou decorar o Lar Irmã Tereza com motivos infantis e sentia que estava se preparando para algo muito importante. Não tinha clareza daquele encontro no qual, em espírito, fora informado do retorno de Ditinha e Joana, mas em seu íntimo algo lhe dizia que ele seria chamado a colaborar com uma situação em que seus sentimentos seriam testados.

Realmente, quando Carolina chega com as filhas na companhia de Mariana e José, uma sensação desagradável toma conta de Fernando. Ele olha para as meninas e procura disfarçar o mal-estar. Como já estudara bastante a respeito das leis divinas, sabia que deveria combater aquela reação, pois haveria uma causa para aquele sentimento.

Carolina, amparada por Mariana e por outras colaboradoras, cuidava das filhas, procurando amamentar como fora orientada. Ela, apesar de sua pouca idade, começa a perceber algo errado com suas meninas. Seus olhinhos não tinham estabilidade. Uma das filhinhas não apertava os seus dedos, como ela sabia ser necessário. Mas, até então, nada havia sido oficialmente informado.

Muitas mãos amigas auxiliaram naqueles seis primeiros meses de vida das pequenas. O acompanhamento médico acabou revelando que Alice era mesmo deficiente visual e que Ana não apresentava uma coordenação motora desejável. Quando Carolina tem clareza da real situação de suas filhas, começa a entrar em pânico. Pergunta a si mesma como fará para criar duas crianças naquela situação. Mesmo com o apoio das voluntárias do lar, ela se sente muito infeliz. Mil pensamentos começam a aflorar em sua mente.

Fernando faz suas orações todos os dias para se aproximar das pequenas. Em alguns momentos, ele sente repulsa por elas;

em outros, tem vontade de ajudar a cuidar delas. São duas reações que ele sente quase simultaneamente. O que fazer? Pedir ajuda aos amigos espirituais para vencer aquela situação?

As pequenas tinham completado oito meses de vida. No Lar Irmã Tereza já haviam dado mais duas jovens mães que deram à luz em situação semelhante à de Carolina. Elas cuidavam do espaço, dos seus filhos e procuravam se ajudar mutuamente. Sabiam que dentro de algum tempo precisariam buscar alguma forma de sobrevivência, porém não havia um tempo determinado para que ali permanecessem.

As filhas de Carolina necessitavam de uma ajuda maior, por esse motivo, suas companheiras colaboravam nos cuidados diários. Mas essa mãe tão jovem estava cada dia mais aflita ao ver que as filhas traziam deficiências físicas. Pensava em fugir daquele local, pois ali certamente as meninas não seriam abandonadas. Começa a agasalhar pensamentos sombrios, e os irmãos desencarnados que alimentavam rancor, principalmente por Ditinha, a influenciavam para abandonar o pesado fardo.

E foi assim que, em certa noite, já quase ao amanhecer, Carolina abandonou o Lar enquanto as filhas dormiam, deixando sob a porta do quarto de uma de suas companheiras do Lar um bilhete pedindo a elas que a perdoassem, mas não tinha condições de continuar naquela situação, e que agradecessem Mariana por tudo o que fizera desde o início.

Assim que o dia clareou, a jovem Madalena, ao se levantar, observa um bilhete sob a porta; ao lê-lo, fica apavorada. Corre para o quarto de Carolina, mas ali estão somente as pequenas. Entra em pânico e se apressa a avisar a outra moradora do Lar,

Cida, pedindo que ela tome conta das crianças, pois precisaria avisar Mariana sem demora.

Madalena chega aflita à casa de Mariana, que preparava o café da manhã para a família. Ainda ofegante, relata o ocorrido, dizendo que nada percebera nas atitudes de Carolina até ver o bilhete sob a porta alguns minutos antes.

José, ao chegar à cozinha, preocupa-se ao ver Madalena e imagina que algo de grave está acontecendo. Ao tomar conhecimento, não se apavora, pois já havia algum tempo esperava que alguma coisa acontecesse para que sua fé, bem como a de Mariana e Fernando, fossem testadas.

Agradecendo Madalena pela atitude, pedem a ela que retorne ao Lar, enquanto eles se preparam para procurar uma solução para o caso.

— José, o que faremos? As duas jovens mãezinhas que estão no Lar já têm seus filhos para cuidar, mais as tarefas diárias para a conservação daquele espaço. Alice e Ana necessitam de cuidados especiais — são questões que Mariana expõe com imensa ansiedade.

— Mariana, Deus haverá de nos ajudar a encontrar um caminho. Vamos confiar. Creio que a primeira coisa a fazer é procurar Carolina na casa de seus pais, pois é bem provável que ela tenha retornado para tentar recomeçar sua vida. Fernando pode ir para o mercado, enquanto você vai para o Lar, e eu irei ao endereço que Carolina colocou em sua ficha há algum tempo.

E assim foi feito. Mariana, chegando ao Lar, observa Alice e Ana sendo alimentadas, e fica mais tranquila. Ela recorda dos encontros que teve, em desdobramento espiritual, com as queridas Virgínia e irmã Amélia, quando elas haviam alertado que o

Lar receberia espíritos que lhes trariam provas difíceis e que precisariam de muito amor para vencê-las.

Já quase no fim do dia, José retorna cansado e desanimado, pois o local onde Carolina informou ser a moradia de seus pais simplesmente não existia. Ele procurou pela vizinhança, mas ninguém conhecia aquela família.

Capítulo 35

Madalena não teve dúvidas. Dormiria no quarto que era ocupado por Carolina e levaria seu bebê, pois assim poderia estar junto de Alice e Ana.

Mariana, Fernando e José se prepararam para as orações, e a leitura do Evangelho lhes trouxe uma mensagem muito oportuna: "Reconcilia-te com teus adversários". Eles meditaram muito sobre a lição e compreenderam que o encontro programado pela Divindade era exatamente para que aquela aproximação acontecesse.

Mais uma vez, durante o sono, ao se desligar do corpo físico, aquela família busca ajuda com os amigos espirituais. Pedem que não lhes faltem as forças para acolher as crianças, as quais eles acreditavam serem a reencarnação de Joana e Ditinha.

– *Queridos filhos, pela bondade de Deus, vocês recebem a oportunidade abençoada de poder acolher nossas irmãs. Depende de seu livre-arbítrio fazer do limão uma saborosa limonada! Elas carregam provas dolorosas e dependem de sua ajuda. A pequena Alice, na personalidade de Joana, não soube enxergar as oportunidades da vida e se deixou cegar por ambições, por várias vezes, e, na última roupagem física, novamente perdeu a oportunidade de crescimento espiritual, quando deveria receber o neto com o amor cristão. Ana, nesta última existência, pediu a oportunidade de auxiliar a chegada de espíritos e lhe foi dado esse dom. Mas, como Ditinha, acabou desvirtuando as condições que recebeu de Deus, tornando-se uma abortadeira ou fazedora de anjos, como dizem muitos, e utilizou suas mãos para essa desdita.*

"As leis divinas são sábias e caridosas, ofertando oportunidades para o reajuste de todo aquele que se perdeu pelas veredas tortuosas dos erros e do desamor. Dessa forma, nossas meninas reencarnaram para reparar faltas cometidas e assim retomar seu caminho rumo à evolução espiritual.

Fernando, você tem consciência de que, por muito tempo vagou carregando ódio em sua alma e que recebeu apoio e amor de quantos desejaram sua reabilitação. Seu sonho de reencarnar se realizou graças ao amor de Elisa, que é filha de Joana — essa mesma Joana que você tanto perseguiu. Pois bem, querido, você é livre para fazer suas escolhas e vai colher conforme a semeadura realizada, como manda a lei.

Levem em sua memória nosso encontro, e que Jesus os abençoe neste momento especial."

Aquela pequena família, recebendo todo o amparo de irmã Amélia, conhecedora da Boa-nova de Jesus, decide que Alice e Ana deveriam ir para sua casa, onde seriam cuidadas com amor e dedicação. O estabelecimento comercial que possuíam fora ampliado e, financeiramente, estavam preparados para custear o tratamento médico que Ana necessitava para obter alguma condição para recuperar movimentos de braços e pernas. Alice se habituara à sua condição de deficiente visual e já conseguia caminhar pela casa, tateando pelos ambientes.

As meninas estavam com um ano de idade, e Fernando conseguira perdoar incondicionalmente aquelas irmãs que estavam estreitamente ligadas a ele. Auxiliava a mãe a cuidar das garotas e ainda procurava colaborar com o pai no mercado. Aplicava-se aos estudos, pois pretendia cursar uma faculdade na cidade próxima, queria ser alguém na vida.

Naquela manhã, quando o carteiro traz a correspondência, uma carta é entregue a Mariana, vinda da capital. Ao olhar o remetente, Mariana observa que é de dona Eunice — tia de Renato. Ela tem um mau pressentimento, que, ao ler a carta, se confirma.

"Mariana, é com muita dor que informo a você que meu querido sobrinho Renato nos deixou. Há algum tempo ele vivia à custa de remédios, fechado no quarto e completamente isolado de todos nós. Procuramos auxiliar em tudo o que nos foi possível, mas ele não resistiu. Algumas vezes comentara que queria ir embora deste mundo, para se encontrar com a mãe, com a irmã e com Elisa. Tentamos ajudar com tratamentos, com palavras, com dedicação, mas ele a cada dia estava mais distante, até que, há uma semana, nós o encontramos morto no quarto. Lamentavelmente ele sucumbiu vítima do suicídio. Ficamos desolados, mas conscientes de que procuramos fazer o melhor por ele. Até um dia, Mariana, e ore por Renato."

Mariana fica desconcertada. Precisaria comentar o fato com Fernando, afinal, ele era filho de Renato. Procurando José no mercado, ambos oram a Deus, pedindo por aquele espírito que passou a vida enveredando por atalhos perigosos.

Quando Fernando regressa do colégio, os pais o informam do lamentável acontecimento e ele sente um grande aperto no coração. Apesar de não ter recebido a visita de Renato e também de nunca ter sentido vontade de conhecê-lo, no íntimo sentiu compaixão.

O conhecimento da vida espiritual que foi adquirido por Fernando, José e Mariana trouxe à vida deles um novo modo de pensar e de agir. A dedicação às atividades do centro espírita fez de Fernando uma pessoa renovada, diante das características que o marcaram durante o período em que permaneceu no mundo espiritual.

O sr. Acácio, afastado das atividades rotineiras, recebe o carinho dos amigos e, já impossibilitado de trabalhar no seu comércio, oferece a Fernando a loja de ferramentas. José encoraja o filho a aceitar a oferta, e as negociações são rapidamente concluídas, fazendo com que Fernando se sinta ainda mais responsável, pois agora teria seu próprio negócio. Aquele amigo tão querido não tinha mais a mesma vitalidade, entretanto se esforçava para comparecer às reuniões espíritas, onde encontrava o refrigério para suas dores físicas.

O sr. Arnaldo, também em idade avançada, preparava José para assumir a responsabilidade de dirigente do centro, pois sentia que não tinha mais condições de se dedicar devidamente àquela tarefa. Ele confiava muito em José, pelos anos de companheirismo que os unia.

Com o decorrer dos anos, Ana sofria fortes dores nas articulações, e seu crescimento foi totalmente prejudicado pelo mal que a afligia. Os médicos tentaram de todas as formas aliviar seu sofrimento, e ela pedia a Deus que a levasse embora deste mundo, pois sentia que era um peso para aqueles que a amparavam. No fundo, ela não gostava de viver, pois se locomovia com muita dificuldade, e os movimentos dos braços e mãos eram quase nulos.

Quando as irmãs Ana e Alice completaram doze anos de idade, Ana foi acometida por uma febre repentina que a colocou prostrada. O médico indicou a internação, e ela se mostrou até um pouco aliviada, pois pressentia que, muito em breve, deixaria aquele corpo comprometido.

Realmente, passam-se cinco dias e Ana encerra sua vida material, cercada pelo carinho de Mariana, José e Fernando. Pouco antes de perder a consciência, pede para segurar as mãos de Fernando e lhe diz que sentia uma enorme vontade de lhe pedir perdão, mas não sabia bem o porquê. Ele é tocado por uma emoção profunda, e no íntimo de seu coração pede a Deus que acompanhe aquele espírito, com o qual sentia também ter um laço até então inexplicável.

Alice sente muito a morte da irmã, passando vários dias em profunda tristeza. Aos poucos vai superando sua ausência. Mariana procura cercar aquela menina de muito carinho, pois sente por ela um grande amor e cada dia mais se convence de que se trata de sua mãe reencarnada.

Após algum tempo, no plano espiritual, irmã Amélia recebe a permissão para reunir aqueles irmãos queridos, em um posto de socorro, a que todos teriam acesso. Ali estavam Rosa, Helena, Elisa, Renato, Joaquim, Tereza e Ditinha. Todos eles recebiam também a atenção de Virgínia, que os convidava a se acomodar para ouvir as palavras de irmã Amélia.

– Amados meus, com a permissão de Jesus, aqui estamos para uma retrospectiva de algumas trajetórias vividas por vocês e que marcaram de forma importante a caminhada de cada um. Muitos foram os deslizes cometidos, pela ignorância das leis divinas, mas hoje alguns de vocês puderam aceitar a necessidade de planejar novos encontros no palco da vida material.

"Como viram, Joana continua encarnada no mesmo grupo familiar, reparando erros do passado, enfrentando a prova da deficiência visual. Ditinha conseguiu o perdão de Fernando e retornou para o plano espiritual após doze anos de um grande sofrimento físico, reparando parte de seus deslizes e buscando novos conhecimentos para, dentro de algum tempo, enfrentar novamente as vicissitudes da matéria, dando sequência aos seus propósitos de reparação.

Renato, meu querido, a prática do suicídio nos coloca em uma situação bastante precária perante as leis divinas, mas a bondade do Criador jamais nos abandona. Faz-se necessário seu esforço para a reabilitação de suas potencialidades e, dentro de poucos anos, você deverá retornar à vida material, levando em seu perispírito as marcas da violência praticada contra si mesmo. Nosso amado Fernando será convidado a recebê-lo como filho, para que vocês tenham a oportunidade da reconciliação. Até que isso aconteça, busque desenvolver a fé que ainda não faz parte de seu patrimônio, mas que está ao seu alcance. O grande amor de Rosa, Helena e Elisa representa força e luz para que você se apegue ao sentimento de renovação e se esforce para ser conduzido aos reparos necessários.

Quanto a vocês, meus queridos irmãos Joaquim e Tereza, sei da vontade que demonstram em poder orientar nossos queridos amigos que ainda permanecem na Terra, nossa Mariana, José e Fernando, bem como suas atividades de caridade. Sigam nessa tarefa de amparo, cuidando para que Alice consiga se redimir de seus erros e para que o Centro Espírita Discípulos de Jesus possa representar um porto seguro a todos os que ali aportam. O Lar Irmã Tereza, contando agora com mais de duas dezenas de jovens que estão cuidando de seus filhos e buscando se recolocar na vida, também precisa de seus cuidados. Confiem e trabalhem!

Meus amados irmãos, nossa Virgínia continuará sendo aquela mãe devotada que estará sempre junto a todos, amparando e orientando em todos os momentos.

Agora vamos receber nossos queridos Fernando, José, Mariana e Joana, que em desdobramento espiritual foram atraídos para este reencontro."

Aqueles quatro espíritos ainda encarnados que se aproximavam completaram o grupo familiar que há séculos vêm caminhando pelas veredas ora sombrias, ora iluminadas.

– *Aproximem-se, meus queridos! Este é um momento muito importante! Vocês se comprometeram mutuamente, em várias ocasiões, a reparar erros cometidos em épocas remotas. Mas, mergulhados na matéria, acabaram sendo renitentes no mal, na maioria das vezes. Agora, se conscientizaram da necessidade do perdão e do trabalho conjunto. É chegado o momento de recomeçar, para que desta vez o resultado seja mais promissor.*

"Fernando, aqui está Renato, que proporcionou a você o retorno à matéria. Apesar de não ter conseguido se comportar como pai, ele lhe deu a oportunidade da reencarnação. Aqui está Ditinha, que você odiou por tantos anos. Agora, quando ela encarnou como Ana, você conseguiu demonstrar compaixão, cuidando dela em momentos críticos, vividos naquele corpo ao qual a má-formação trouxe tanto sofrimento. Aqui está

Joana, agora encarnada como Alice, que sofrendo a deficiência visual está resgatando débitos antigos e recentes, contando também com sua ajuda. Aqui estão seus pais, que o receberam como filho querido, José e Mariana, procurando também se reabilitar das faltas cometidas no passado, buscam se reaproximar de seu coração. Por fim, aqui está sua mãe Elisa, que, demonstrando grande coragem, aceitou toda aquela trajetória de dificuldades, culminando com a desencarnação que o colocaria nos braços de Mariana. Enfim, meu querido, é chegado o momento de você perdoar, definitivamente, aqueles que você um dia tanto odiou. Jesus lhe oferece esta oportunidade bendita. Vamos, envolva-os em um abraço caridoso, formando um novo elo de amor e de verdadeiro perdão!"

Fernando estava verdadeiramente emocionado. Ao se ver rodeado por aqueles que julgara os responsáveis por seus sofrimentos desde muito tempo, mas que agora despertavam sua consciência de que também em algumas vezes tinham sido levados à prática do mal, motivados por vários tipos de situação, ele pede forças a Deus para encerrar aquela fase de sua história. Queria recomeçar, queria demonstrar a todos que a partir do momento em que se sentira amado, ele também começara a desenvolver o amor em seu coração.

Incentivado por irmã Amélia, Fernando abraça um a um, pedindo perdão também pelas falhas cometidas, e todo o grupo, tocado pela luz daquela verdadeira benfeitora, sente-se preparado para os novos desafios que viriam lhes trazer oportunidades de renovação.

Os primeiros raios de sol iluminam o lar de Mariana, José, Fernando e Alice, e todos se sentem refeitos. Despertam envolvidos em um sentimento de imensa paz.

Naquele domingo, na saída da reunião dominical que se realizava no Centro Espírita Discípulos de Jesus, Fernando, feliz, apresenta aos pais sua namorada.

— Mamãe, papai, aqui está Elza. Ela chegou há pouco tempo aqui em nossa cidade.

Mariana e José percebem que Fernando está feliz. Eles também gostaram muito de Elza.

Depois de pouco mais de um ano de namoro, Fernando comunica aos pais que ele e Elza decidiram se casar, pois pretendem construir uma grande família. Alice vibra com a notícia, pois sempre dizia que gostaria muito que tivessem crianças na família.

Os noivos, tarefeiros do centro espírita, casaram-se no cartório da cidade e recepcionaram os amigos no salão do clube desportivo, onde o sr. Arnaldo, apesar de fragilizado, aceitou muito feliz o convite para fazer uma prece e dizer algumas palavras sobre o significado do casamento.

Os amigos espirituais e os familiares desencarnados ali compareceram dando graças a Deus por aquele momento. Irmã Amélia, que tomara para si a responsabilidade de reconduzir Renato pelos caminhos da fé e do arrependimento, o acompanhou à cerimônia do casamento do filho. E, naquele momento, generosamente lhe diz:

— *Meu querido Renato, hoje começa a contagem regressiva para seu retorno à matéria. Deus permitirá, muito em breve, seu reencontro com Fernando, e, desta vez, cercado de muita paz e de muito amor. Vocês terão oportunidade de recomeçar uma longa jornada de crescimento espiritual, pois Deus, Nosso Pai, nos cria para a felicidade plena, a qual se atinge após vencermos os sofrimentos, as expiações criadas por nós mesmos. Como pai e filho vocês serão convidados ao perdão mútuo, que será obtido mediante o esforço de cada um. Meu querido, este será o início de uma nova etapa na vida de vocês. E, agora, mais fortalecidos, terão todas as condições para vivenciar com Jesus a máxima "Ama o teu próximo como a ti mesmo".*

Elisa, ao se aproximar de Mariana e de Alice, agradece a Deus pelos momentos de paz alcançados por aquela família e pelo imenso amor que devotavam ao seu amado Fernando.

Irmã Amélia, junto de sua família espiritual, ora a Deus e agradece as bênçãos recebidas.

— *"Deus, Pai de Amor e de Misericórdia, a cada dia Sua bondade nos ensina que só o amor constrói, só o perdão acalma, só a fé renova, só o trabalho edifica! Dá-nos forças, Senhor, para perseverarmos na busca pelo aprimoramento dos sentimentos puros com que fomos dotados desde nossa criação, mas que, movidos por interesses materiais, deles nos afastamos à medida que nos víamos atraídos pelo imediatismo dos prazeres mundanos. Abençoa-nos, Pai, fortifica nossa vontade de vencer todas as imperfeições de nossa alma. Que sejamos firmes nos propósitos do amor que neste momento preenche nosso coração. Abençoa-nos, Senhor, agora e sempre."*

Palavras da Autora Espiritual

A bênção da vida é patrimônio inalienável que nos é concedido por Deus, nosso Pai.

Atentar contra ela, sejam quais forem as circunstâncias, coloca-nos como devedores da lei, comprometendo nosso futuro espiritual. Independentemente das razões, motivos, situações, sentimentos que nos levem a essa prática, colocamo-nos diante de processos de resgates que deverão ser vivenciados, por quantas existências se fizerem necessárias.

Interromper a nossa vida física ou de outrem, seja pela prática do aborto, do suicídio ou do homicídio coloca o infrator diante do tribunal da própria consciência. E, fatalmente, chegará o momento em que a Lei de Ação e Reação se fará presente, cobrando um novo posicionamento daquele espírito que a infringiu.

Nossos irmãos que protagonizaram as existências conturbadas relatadas nesta obra foram colocados diante de inúmeras situações em que recorreram à livre escolha. Nem sempre optaram pelo melhor caminho, nem pela melhor conduta, porém a bondade do Criador lhes ofereceu novas oportunidades, como faz a todos nós.

Após cada mergulho na carne trazemos uma bagagem maior, o que permite a cada um de nós um crescimento espiritual que irá nos proporcionar melhor e maior compreensão de todos os fatores que interferem em nossa existência.

Ao leitor amigo, apresentamos este nosso primeiro trabalho, que tem como objetivo alertar a todos aqueles que por algum motivo sintam-se desinteressados pela vida ou que estejam vivenciando um processo de cobrança interior. Somos imortais e temos a capacidade de assimilar todo o aprendizado que nos é oferecido a cada encarnação. E, para nossa alegria, estamos convictos de que os laços de amor jamais se rompem, independentemente do plano em que nos encontrarmos.

Obrigada, Pai Criador, pela bênção da vida, pelo imenso amor que nos une àqueles com os quais podemos caminhar lado a lado, independentemente do tempo que permanecemos juntos.

Natasha

Ao terminar a leitura deste livro, talvez você tenha ficado com algumas dúvidas e perguntas a fazer, o que é um bom sinal. Sinal de que está em busca de explicações para a vida. Todas as respostas de que você precisa estão nas Obras Básicas de Allan Kardec.

Se você gostou deste livro, o que acha de fazer que outras pessoas venham a conhecê-lo também? Poderia comentá-lo com aquelas do seu relacionamento, dar de presente a alguém que talvez esteja precisando ou até mesmo emprestar àquele que não tem condições de comprá-lo. O importante é a divulgação da boa leitura, principalmente a da literatura espírita. Entre nessa corrente!